ものがたり詩

アジアのかけ橋

やくそくするよ

川上 佐貴子詩集

はなてる・絵

JUNIOR POEM SERIES

銀の鈴社

もくじ

七夕《たなばた》まつりの日《ひ》

ネパールの　チーズナンやチャイ
ベトナムの　揚《あ》げ春巻《はるまき》
マレーシアの　お菓子《かし》
タイの　春雨料理《はるさめりょうり》……
日本語教室《にほんごきょうしつ》にきている人《ひと》たちが
持《も》ち寄《よ》った　自国料理《じこくりょうり》が
テーブルに並《なら》ぶ

夏色《なついろ》の　真《ま》っ赤《か》な　スイカが
シュワ　シュワッ　と
あまい汗《あせ》を　にじませて
テーブルの真《ま》ん中《なか》を　陣取《じんど》っている

顔《かお》をピカピカに光《ひか》らせた
赤《あか》ピンク色《いろ》の　サクランボは
いっこ　で　にこ　つながって
スイカの周《まわ》りに　おかれた

今日《きょう》は
日本語教室の
七夕まつり

フェイさんと一緒《いっしょ》にきた
同《おな》じ会社《かいしゃ》の実習生《じっしゅうせい》の
花《はな》が咲《さ》き誇《ほこ》るような
ベトナムの　アオザイがそろう
ギダさんと娘《むすめ》のアミさんの
ネパールのサリー　は
ひときわ　目《め》をひく

色とりどりの民族《みんぞく》衣装《いしょう》を　身《み》に着《つ》けて
好《す》きな色の　短冊《たんざく》に
母国語《ぼこくご》で　習《なら》った日本語で
遠《とお》い国《くに》の家族《かぞく》を思《おも》い
将来《しょうらい》を夢《ゆめ》みながら
願《ねが》いごとを書《か》いて
ササ竹《だけ》の枝《えだ》に　結《むす》んでいる
「中国《ちゅうごく》では　恋人同士《こいびとどうし》のおまつり
　日本とは　ちがいますね」
といいながら
日本語がよくできる　王《おう》さんは
中国語で書いていた

地球《ちきゅう》の上《うえ》に　住《す》んでいる人《ひと》が
世界《せかい》の国《くに》ぐにから　日本にやってきて
ここで生活《せいかつ》をしている人たちが
集《あつ》まった

時間《じかん》になると　それぞれのテーブルを
大勢《おおぜい》の人たちが　囲《かこ》んだ
ベトナム　タイ　ネパール　ブラジル
マレーシア　ウガンダ　中国　台湾《たいわん》
フィリピン　オーストラリア　と
久《ひさ》しぶりに会《あ》う人　はじめての人
山盛《やまも》りの話《はなし》は　日本語ではたりなくて
色《いろ》いろな国の言葉《ことば》が　とびかっている

語《かた》らいの　合間《あいま》をぬけて　聞《き》こえる
七夕の曲《きょく》と一緒《いっしょ》に　歌声《うたごえ》が聞こえてくる
　ささのは　さらさら
のきばに　ゆれる
おほしさま　キラキラ

きんぎん　すなご
ひらがなを
ひとつ　ひとつ　声《こえ》にして
リズムをとっている
顔《かお》を見《み》合わせ　笑顔《えがお》をかわしながら
日本語で唱《うた》う　声がはずむ
五十人余《ごじゅうにんあまり》の声が　手《て》をつないでいる
地球《ちきゅう》をぐるっと　回《まわ》りながら
つながっていく
小《ちい》さなササの葉《は》が　ゆれる
短冊が　ひらり　ひらり
いっしょに　ひらり　ひらり
天《あま》の川《がわ》に流《なが》れていく

みんなが　マイクをにぎり
得意《とくい》な歌を　聴《き》かせている
マイクがまわって
にぎわいが　ピークにたっした

アンナさんが　マイクを持《も》った
「私《わたし》は　アンナです
オーストラリア人《じん》です
五年間中学校《ごねんかんちゅうがっこう》で　英語《えいご》を教《おし》えました
私は　オーストラリアへ帰《かえ》ります」
にぎやかだった会場《かいじょう》が　静《しず》かになって
アンナさんを囲むように　体《からだ》を向《む》けた
「私は日本語　勉強《べんきょう》しました
日本の文化《ぶんか》　たくさん勉強しました
オーストラリアへ帰って
日本語　教えたい
日本の文化　教えたい
習字《しゅうじ》　いいですね

習字は二年習《にねんなら》いました
習字の教室から　ここへ来《き》ました
　これを書きました」
まだ墨《すみ》の香《かお》りが　残《のこ》っている書《しょ》をみせた
漢字《かんじ》が並《なら》ぶ　行書《ぎょうしょ》
「いま　ここまで書けます」　と
みんなに説明《せつめい》をしながら
「漢字　むずかしい
　でも　漢字好《す》きです　おもしろい」
いつものアンナさんスマイルをみせた
「私は日本の歌　好きです
　演歌《えんか》　好きです
　カラオケで　よく唱《うた》います」
「えんか　ききたい
　おねがいします
　ききたい　ききたいーっ」

あちら　こちらから　コール
両手《りょうて》でマイクを　持ちなおして
五年間の
日本の　日本語教室の最後《さいご》の時《とき》
アンナさんは　オーストラリアの国歌《こっか》を唱った
アンナさんの今《いま》の　思いを　母国《ぼこく》に寄《よ》せて
みんなの心《こころ》に　残《のこ》していった

来る人　帰る人　ここの生活《せいかつ》をしている人
いろいろな国の　人たちが集まって
心ゆくまで　共《とも》に過《す》ごし　楽《たの》しんだ
日本語教室の　七夕まつり

一年一会《いちねんいちえ》の　おまつり

ズンちゃんのやくそく

日本《にほん》の会社《かいしゃ》で
三年間《さんねんかん》の実習《じっしゅう》が終《お》わって
ズンちゃんは
ベトナムへ帰《かえ》っていった
黄色《きいろ》いアオザイが似合《にあ》う
女《おんな》の子《こ》

仕事《しごと》を終えて集《あつ》まる
会社の日本語教室《にほんごきょうしつ》で
小《ちい》さな体《からだ》に
エネルギーをいっぱいつめて
おしゃべりで
よく笑《わら》い
ときには口《くち》を一文字《いちもんじ》
ぽろぽろ涙《なみだ》もこぼしてた
泣《な》き虫《むし》ズンちゃん

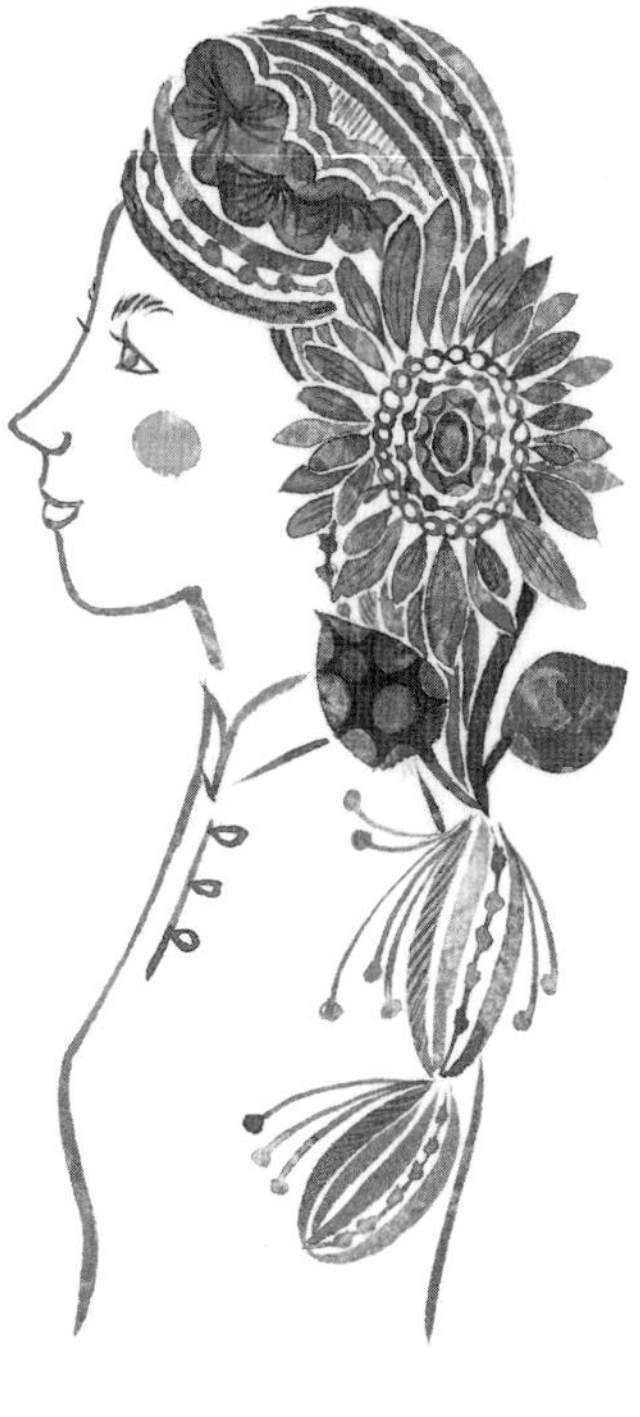

「日本語学校の先生《せんせい》になったよ」
「帰ってすぐ面接《めんせつ》して合格《ごうかく》したんだよ」
ひと呼吸《こきゅう》する間《あいだ》に
遠《とお》いベトナムから
つぎつぎ届《とど》く
ズンちゃんのＬＩＮＥ

ふり返《かえ》ると
明《あ》かりをおとした教室に
今《いま》もズンちゃんがいる
「あのね　わたしね
せんせいのように
にほんご　おしえてみたい
だからね
せんせいに　なりたいのよ」

ズンちゃんの笑顔《えがお》は
ベトナムに咲《さ》くひまわりの花《はな》
冬《ふゆ》のおひさまさえ
さそわれて
教室にはいってくる

「かならず　せんせいになるよ
　やくそくするね」

ズンちゃんお別《わか》れの日《ひ》の
私《わたし》へのプレゼント

チェルシーさんのすきな時間《じかん》

「日本語《にほんご》スピーチの会《かい》をはじめます
さいしょはチェルシーさんからお願《ねが》いします」
先生《せんせい》はみんなに笑顔《えがお》を返《かえ》しながら
教室《きょうしつ》の後《うし》ろの空《あ》いた席《せき》に着《つ》いた

「ハワイから来《き》ましたチェルシーです
中学校《ちゅうがっこう》の英語《えいご》の先生です
日本へ来《き》て二年目《にねんめ》になります
学校生活《がっこうせいかつ》で私《わたし》の一番《いちばん》好《す》きな時間
何《なん》の時間だと思《おも》いますか
それは　給食《きゅうしょく》の時間です」

きれいで　やさしい日本語で話《はな》す
「四時間目《よじかんめ》が終《お》わると
給食係《がかり》がエプロン姿《すがた》で
食事《しょくじ》の準備《じゅんび》をします
用意《ようい》ができて給食係も席《せき》に着きます
みんなで手《て》を合《あ》わせて
いただきますといってから
食《た》べはじめます
その時間は
生徒《せいと》は勉強《べんきょう》をしません
いつも忙《いそが》しい先生も
仕事《しごと》はしません
みんな何《なに》もせずに一緒《いっしょ》に食べます

そうして食べ終わると
ごちそうさまでしたといいます
だれにごちそうさまというのでしょう
給食の材料《ざいりょう》を作《つく》ってくれる人《ひと》
調理《ちょうり》してくれた人
準備《じゅんび》してくれた給食係
一緒に食べる人
ごちそうさまには
自分《じぶん》の感謝《かんしゃ》　意見《いけん》があるのです
ハワイに帰れば
こんな時間はありません
恋《こい》しくなるのは
きっと給食の時間です」

教室《きょうしつ》のみんなは
自分のお腹《なか》がふっくらと
いっぱいになった気《き》がして
大《おお》きな拍手《はくしゅ》を響《ひび》かせた
教室の中《なか》には
ちがう国《くに》から来た一人《ひとり》ひとりの
すきな時間が
ふくっふくっと
浮《う》かんでいった

ほほを少《すこ》し赤《あか》くして
席《せき》にもどったチェルシーさんの肩《かた》に
先生がそっと手《て》をおいて
教室の前《まえ》にもどっていった

ハンさんの先生《せんせい》

教室《きょうしつ》に一番《いちばん》早《はや》く来《く》るのは
ベトナムのハンさん
いつもは
ふっくらしたからだに
長《なが》い髪《かみ》をゆらして
教室にかけ込《こ》んでくるのに
今日《きょう》は足《あし》がとまった

はじめて見る若《わか》い女《おんな》の人《ひと》が
ハンさんの学習《がくしゅう》するテーブルにいる
近《ちか》づいていって
「わたしと　べんきょう　しますか
　わたしの先生ですか」
ハンさんは　のぞき込むように声《こえ》をかけた
「私《わたし》まだ先生じゃないの
　私の名前《なまえ》は　奈央《なお》
　日本語《にほんご》教室の先生ができるか見学《けんがく》に来《き》たの」
ハンさんは椅子《いす》を奈央さんの近くに寄《よ》せて
「じゃあ　いっしょに　べんきょう
　いいですか」
並《なら》んですわった

ハンさんはテキストを開《ひら》いて
先週《せんしゅう》学習《がくしゅう》したページを奈央さんにみせた
新聞記事《しんぶんきじ》のように漢字《かんじ》がつまった文章《ぶんしょう》
「えーっ　これ勉強《べんきょう》してるの
すごすぎない」
不安《ふあん》そうな顔《かお》をしている奈央さんに
「だいじょうぶ
これ　わたしも　べんきょうしてますから」
ハンさんはピンクのシャープペンシルで
もう練習問題《れんしゅうもんだい》をはじめている
教室に人《ひと》が集《あつ》まり
時計《とけい》の針《はり》が
みんなの勉強に押《お》されるように
ぐるりと回った
「これね　ひっかけもんだい
だからね　よくよまないと」
丁寧《ていねい》に文章《ぶんしょう》を読《よ》みながら
漢字の読《よ》み方《かた》、言葉《ことば》の意味《いみ》を
奈央さんに聞《き》いた
いつもより速《はや》いペースで
ハンさんの学習《がくしゅう》が進《すす》んでいく
「仕事《しごと》のあとなのに
どうしてこんなに勉強するの」
不思議《ふしぎ》そうに奈央さんが聞いた
ハンさんは

「わたし　ベトナムへかえったら
にほんごの　つうやくになりたい
これ　わたしのきぼうです」
そういって
「ホアンさん　ズンさん　インさん
それにチャンさん」
つぎつぎに名前《なまえ》をあげて
「みんな
ベトナムへ　かえって
にほんごがっこうの
せんせいになりましたよ」
大《おお》きな目《め》をかがやかせた
そうしてハンさんは

教室の時計に目をやり
「ああ　もう九《く》じ
二《に》じかんは　はやいですねえ
じかんが　たりないよう」
テキストを閉《と》じながら
息《いき》をついた
ハンさんの熱心《ねっしん》に学《まな》ぶ姿《すがた》に
奈央さんは
一緒に勉強しようと決《き》めた
教室の終わりに
見習《みなら》い先生の奈央さんが
「山野《やまの》奈央です
はじめて先生になります

みなさんといっしょに
勉強したいです」
あいさつをして
ちょこんと頭《あたま》をさげた
みんなの拍手《はくしゅ》の中《なか》をハンさんは
奈央さんにかけ寄《よ》り
「せんせいに　なったね」
と声《こえ》をはずませた
「うん　先生になれたよ」
恥《は》ずかしそうに奈央さんが笑《わら》い
みんなが笑った
夜《よる》の教室が
昼間《ひるま》のように明《あか》るくなった

「また　らいしゅうね」
ハンさんは奈央さんの背中《せなか》をポンとたたいて
大《おお》きく手《て》を振《ふ》り
教室を出《で》ていった

ヴィーちゃんの結婚《けっこん》

会社《かいしゃ》の二階《にかい》　休憩室《きゅうけいしつ》が
実習生《じっしゅうせい》の　日本語教室《にほんごきょうしつ》

始《はじ》まりの時間《じかん》まで　あと少《すこ》し
ドアをゆっくり開《あ》けると　中《なか》の光《ひかり》が
元気《げんき》な声《こえ》と一緒《いっしょ》に　廊下《ろうか》にあふれ出《で》てくる
「先生《せんせい》　こんばんは」
みんなが　顔《かお》を向《む》け
声を合《あ》わせて　迎《むか》えてくれる

「こんばんは　今日《きょう》はみんな一緒ですね」
いつもは　グループをつくって
テーブルごとに　座《すわ》っているのに
珍《めずら》しく　ひとつにまとまっている
「先生　ヴィーちゃん　結婚します
　知《し》ってますか」
いつも元気なフォンさんが
ひとりだけ　立《た》ったまま
大《おお》きな目《め》を　私《わたし》に向《む》けた

「えーっ　本当《ほんとう》に」
驚《おどろ》いていう私に

フォンさんは　みんなを代表するように
話してくれた
「本当です
ベトナムへ　帰《かえ》って
結婚式《けっこんしき》の前《まえ》に　撮《と》った
二人《ふたり》の写真《しゃしん》
たくさん送《おく》って　くれました
ヴィーちゃん　きれい　しあわせ」
「そう　よかったね
相手《あいて》は　どんな　人《ひと》ですか」
「日本《にほん》にいた　実習生《じっしゅうせい》
エンジニア
今《いま》は　二人とも　ベトナムにいます
八月《はちがつ》に　結婚します」

そういえば　ヴィーちゃんは
ベトナムへ帰《かえ》るとき
最後《さいご》の教室で　言葉《ことば》少《すく》なだった
でも
静《しず》かに　花《はな》が開《ひら》いたように
美《うつく》しかった

ヴィーちゃんのこと
ずっと　ビーちゃんて　呼《よ》んでいた
しばらくして
「名前　ビーちゃんでいいですか」
と聞《き》いてみた
「いいえ　ちがいます

私はヴィーですよ」
「ビーちゃん？」
「ちがいます　ヴィー　です」
あのとき　ヴィーちゃんは
色白《いろじろ》の顔《かお》を　ピンクに染《そ》めて
口《くち》をとがらせていた
「ハチのＢｅｅでしょ」
「いいえ　ちがいます」
がっかりした　ヴィーちゃんの顔
見《み》ると　口もとがＶの字《じ》になっている
「わかった
Ｖの字《じ》のヴィー　ヴィーちゃん」
「先生　やっと　わかりましたね」
あの時《とき》の

真剣《しんけん》な顔の　ヴィーちゃんと
ほっとした　笑顔《えがお》の　ヴィーちゃんを
懐《なつ》かしく　思《おも》い出《だ》す

学習《がくしゅう》の準備《じゅんび》を　していても
ヴィーちゃんの　話《はなし》が続《つづ》いた
「ヴィーちゃん
通訳《つうやく》になりたいって　いってたけど
どうしているかな」
「あのね　先生」
フォンさんの声《こえ》が　大きくなる
「ヴィーちゃん
日本語　一番《いちばん》できる
話《はな》すのも　じょうず

だから
通訳より　もっとお金がたくさん
ベトナムで　一番大きな会社
働《はたら》いてます
ヴィーちゃんの仕事《しごと》　一番
お金《かね》　たくさん」
みんなの思いも　ヴィーちゃんに
とんでいる
「いいね　いいね
私も　お金　たくさん」
「私　結婚したーい
でも　結婚あいていない」
「ヴィーちゃん　いいね
結婚も　仕事も　いいね」

「うらやましーい」
「やきもちは　だめよ」
「だめ　だめ」
リンさんとハさんが
声をそろえて　いった
「あの　先生
うらやましいとやきもち
意味は同《おな》じ？」
「そうね　ちょっと　ちがいますね」
クス　クスッ　と
だれか　小《ちい》さく　笑《わら》った
「先生　今日は　話したい」
テーブルの上《うえ》に　体《からだ》をふせて　聞《き》いていた

マイさんが　体をおこして　前《まえ》を見《み》た
黒縁《くろぶち》のめがねの奥《おく》の目《め》に
もう　眠《ねむ》たさは　ない
「話《はな》したい　いいですか」

「そうね
それでは　今日は
みんなで　お話しましょう」
教室のみんなで　話す
日本語の学習が　はじまった

大きな柱《はしら》にかかる
小さな　時計は
もう八時《はちじ》を回《まわ》っている

学習の時間は　あと少《すこ》し
テキストは　そっと閉《と》じられ
そして
ベトナム語《ご》は　消《き》えて
日本語が　ゆっくりと　続《つづ》いていく

フォンさんの野菜《やさい》作《づく》り

「これは　野菜です
わたしが作《つく》りました
食《た》べてください」
教室《きょうしつ》に遅《おく》れて来《き》たフォンさんが
学習《がくしゅう》しているみんなに
白《しろ》い大《おお》きなビニール袋《ぶくろ》を
持《も》ち上《あ》げてみせた
フォンさんは
教室のある公民館《こうみんかん》近《ちか》くの
建設会社《けんせつがいしゃ》で働《はたら》く男子《だんし》実習生《じっしゅうせい》

教室のみんなが
「きゅうけい　きゅうけいしましょう」
口《くち》ぐちにいいあいながら
フォンさんの周《まわ》りに集《あつ》まった
テーブルの上《うえ》に
ビニール袋から出《だ》された
トマト　キュウリ　ピーマン　ナス
次《つぎ》から次と夏《なつ》の彩《いろど》り野菜が並《なら》ぶ
大《おお》きな夕顔《ゆうがお》までが出《で》てきた
椅子《いす》に座《すわ》っている
ネパールのナビさんは
目《め》の前《まえ》の野菜の山《やま》を眺《なが》め
「すごい　すごい

これみんなネパールといっしょ
ト・マ・ト　ナ・ス　キ・ュ・ウ・リ」

カタカナ表《ひょう》からカナをひろい
ナビさんのノートが
フォンさんと同《おな》じ野菜でうまった
最後《さいご》に残《のこ》っていたミニトマトが
ビニール袋から出てきて
テキストの上に
コロコロ　ころがった
フォンさんと同じベトナムのリンさんが
ひとつ　ひとつ　手《て》の平《ひら》にひろって
「わぁ　すごいですね
フォンさん
どうやって作りましたか」

みんなにみせながら聞《き》いた

「これですか
わたしの会社のとなりに
畑《はたけ》があります
そこには　いろいろな野菜あります
会社にいるおばあさんが
作り方教《かたおし》えてくれました
一緒《いっしょ》に作りました
わたしのアパートの庭にもあります
みなさん
よかったら　食べてください
まだ畑にたくさんありますから」
といいながら少《すこ》し恥《は》ずかしそう
「わたしのしゅみは

野菜を作ることです
ベトナムでも作りました
わたしは
自分で野菜を作ります
料理《りょうり》します　おいしいです」
みんなうなずきながら
楽《たの》しそうに聞《き》いている

ポニーテールの長《なが》い髪《かみ》を
ゆらゆらさせて
二《ふた》つの赤《あか》いミニトマトを
ホホにあてながら
遊《あそ》んでいるリンさんに
「赤いですね
小《ちい》さな女《おんな》の子《こ》ですね

リンさんは　こどもですね
おかしいです」
やはりベトナムのスンさんは
笑《わら》いながら
リンさんから
ひとつ取《と》りあげて
口《くち》に　ポンと入《い》れた
「おいしいね　あまいね」
ホホを指《ゆび》で
トントンとたたいてみせた
リンさんは素早《すばや》く
残《のこ》りのひとつを口に入れた
「おいしいですね」
リンさんはスンさんの
顔《かお》をのぞき込《こ》むように

笑いながらいった
「わたしのミニトマトは
　そんなに　おいしいですか」
嬉《うれ》しそうにいうフォンさんに
みんなの
温《あたた》かいまなざしが集《あつ》まり
それぞれの国《くに》の距離《きょり》がなくなっていた

フォンさんといえば　思《おも》い出《だ》す
去年《きょねん》の秋《あき》　初《はじ》めての日《ひ》
「こんばんは　遅《おそ》いですが
時間《じかん》はまだ　だいじょうぶですか
よろしくお願《ねが》いします」
ていねいに　おじぎをして
遠慮《えんりょ》がちに教室に入《はい》ってきた

白《しろ》のワイシャツに黒《くろ》のスラックス
黒い革靴《かわぐつ》が光《ひか》っていた
その時
教室に　ベトナムの風《かぜ》が　吹《ふ》いた

「わたしは　日本《にほん》に来《く》るまえ
ベトナムで
五年軍隊《ごねんぐんたい》にいました」
と話《はな》しだした
「軍隊？
――――
五年間《かん》もですか
長《なが》かったでしょう
大変《たいへん》だったでしょう」
「はい　とても大変でした

　とても　きびしかったです」
笑顔《えがお》をみせているものの
言葉《ことば》は重《おも》たく
表情《ひょうじょう》はこわばっていた

「みなさん
　袋ありますから　どうぞ　どうぞ」
手渡《てわた》された袋には
みんなが思《おも》い思いに入れた
フォンさんの野菜でふくらんでいる
テーブルがきれいになった
大きな夕顔だけがころんとしている
「フォンさん
　この大きいの　いただきます
　よいしょ」

重そうに　かかえてみせると
それがおかしかったのか
みんな大きな声《こえ》で
はじけるように笑《わら》った
ふたたび学習《がくしゅう》の時間《じかん》
それぞれのテーブルの上には
ビニール袋に入った
フォンさんの野菜が
一人《ひとり》一人の前《まえ》に
しっかりとおかれていた

ネパールのアミちゃん
もう　いいよ

なかない
なかない
もうないたから　なかない
なんで　わたしのこと
そんなこと　いうの
ともだちなのに
クラスのひと
みんな

ともだちと　おもってた
かなしいよ
だから
クラスのひとと
バトル（けんか）しそうになった
ひろこせんせいが
もういい
もういい
あのひとたちは
もういいって
わたし
ひろこせんせいのところで
ないた　ないた
にほんへきて

はじめてないた
ネパールで
わたし　つよかった
よくともだちと
バトルした
ともだちみんな　ないた
わたし　なかなかった
もうすぐ
中学《ちゅうがく》そつぎょう

バトルしない
もう　いい
もういいよ
もう　なかない

ネパールのウダブさん

「こんばんは」の大《おお》きい声《こえ》は
ネパールのウダブさん
チョットチョットさんと呼《よ》ばれている
「チョットチョットさん　元気《げんき》ですか」
「あまり　げんきじゃない
しごと　いそがしいからね」
話《はな》す言葉《ことば》がしぼんでいく
「わたしの　おくさんとこども
いま　ネパール
これ　わたしの　むすこ」

手《て》にしたスマホには家族《かぞく》の画像《がぞう》
「かわいいね　あいたいね
おくさん　にほんに　くるかな
わたし　しごと　がんばれば
にほんに　これるかな」
話しかけるように
目《め》を少《すこ》しウルッとさせる

「ウダブさん
今日《きょう》はチョットチョット日本人《にほんじん》
チョットチョットネパール人ですか」
ウダブさんと私《わたし》のいつもの挨拶《あいさつ》
「先生《せんせい》　きょうは　わたしネパール人
レストランのしごと　いそがしい
あまり　にほんごのべんきょう
できなかったね」
「だから
きょうは　ぜんぶネパール人」
いつもかぶっているネパールの帽子《ぼうし》に
手をおいた

「チョット日本人じゃない
残念《ざんねん》ですね
それじゃあ
ウダブさん　英語《えいご》話しますから
アメリカ人かな」
前《まえ》にすわった
マレーシアのチョン君《くん》が
テーブルの上《うえ》に体《からだ》をのり出《だ》して
からかいはんぶんに

上目《うわめ》づかいでニコッとしてみせた
ウダブさんは首《くび》を横《よこ》に振《ふ》っている

「仕事《しごと》がんばる
日本語の勉強《べんきょう》もがんばる
おくさん日本に来《き》ますよ」
中国《ちゅうごく》の李《り》さんの言葉《ことば》が
ふんわりと　つつんでくれた
ウダブさんは　みんなを見《み》て
「わたし　みんなとべんきょう
うれしいね　がんばるね」
すると
教室《きょうしつ》の中《なか》は
がんばって
がんばる　がんばりましょう
の言葉で結《むす》ばれていく

「きょうは
チョット　チョット日本人になるかな」
首を横にかしげかしげ
「べんきょう　やりましょう
いち　に　さん　よん　……」
読《よ》みながら　手を動《うご》かしながら
漢字《かんじ》の書《か》き方《かた》が　はじまった

ウダブさんの
チョット　チョットで
みんなが　ひとつになって
今日の日本語教室が始まった

先生《せんせい》になったイプト君《くん》

「先週日曜日《せんしゅうにちようび》
マド君と一緒《いっしょ》に
東京《とうきょう》へ行《い》きました」
インドネシアのイプト君が
同《おな》じテーブルの
フィリピンのグレースさん
中国《ちゅうごく》の王《おう》さん・陳《ちん》さんに
話《はな》しはじめた

「新宿駅《しんじゅくえき》で駅の人《ひと》に
秋葉原《あきはばら》へ行きたいです
電車《でんしゃ》どれに乗《の》ったらいいですか
とたずねました
駅の人は親切《しんせつ》に教《おし》えてくれました
でも　英語《えいご》でしたから
私《わたし》は英語話《はな》せません　解《わか》りません
私は日本語《にほんご》で聞《き》いたんですよ」
一瞬《いっしゅん》イプト君の顔《かお》から
笑顔《えがお》が消《き》えた

「どうしたらいいか考《かんが》えました
駅にいた日本の人に声《こえ》をかけました

秋葉原に行きたいんですが……
そうしたら　やさしく教えてくれました
とてもよく解りました
みなさんも勇気《ゆうき》をだして聞いてください
どこへも行けます」
イプト君はニコッとしながら
「日本語でだいじょうぶですから」と
イプト君の話に
大《おお》きくうなずく
同《おな》じインドネシアのガガさんに
笑顔がこぼれて
教室《きょうしつ》に広《ひろ》がる
いつも静《しず》かに学習《がくしゅう》している
タイのアイさんが

今日《きょう》は顔《かお》を上《あ》げて
「とうきょう　いきたい
どこ　いったらいい
でんしゃ　どれ　のる
わたし　わからない
イプトさん
にほんご　じょうず
わたし　へた
どこも　いけない」
覚《おぼ》えた日本語で
イプト君と話《はな》している
「アイさん
だいじょうぶ　だいじょうぶ
日本語毎週勉強《まいしゅうべんきょう》

覚えた日本語で話す

「アイさん頑張《がんば》ってください」

教室の時計《とけい》は午後《ごご》の七時《しちじ》を過《す》ぎ

テーブルについているみんなが

イプト君とアイさんに

気持《きも》ちを寄《よ》せて聞いている

今日は

イプト君が

教室の先生になった

アミさんの高校生活《こうこうせいかつ》
「それで　いいです」

部活《ぶかつ》で使《つか》っている体育館《たいいくかん》
ダンス部《ぶ》の人《ひと》と
いっしょに踊《おど》るのは
メチャ　楽《たの》しい
今日《きょう》は　私《わたし》だけ　ひとり

バックの中《なか》においてきた
ケータイが気《き》になって
教室《きょうしつ》へ走《はし》っていった
「アミさんのケータイ　なってましたよ」
教室にいた友《とも》だちが　おしえてくれた
着信《ちゃくしん》はやっぱり先生《せんせい》　学校《がっこう》へ来《き》てる
これから私は日本語《にほんご》の勉強《べんきょう》の時間《じかん》
友《とも》だちいいました
「お母《かあ》さんからですね」
友だちは先生が　私のお母さんだと思ってる
先生が学校へ来たの
友だち　しってたけど
私　わかりませんでした

今日は　高校へ入《はい》って
はじめての　三者面談《さんしゃめんだん》

友だちの　お父《とう》さんお母さんが
学校に来ます
みんな　ケータイをいじりながら
連絡《れんらく》をまっています
私の　お父さんお母さん
毎日《まいにち》仕事《しごと》　いそがしい
来ても　話《はなし》わかりません
日本語よくわかりませんから
今日は来ません
学校へ来たことありませんから
お父さんとお母さん　だれもしりません
私　だいじょうぶです
日本語の先生が　教《おし》えてくれますから
学校のこと　私　やります

全部《ぜんぶ》　できますから
担任《たんにん》の先生に　いいました
高校生になった　アミさんの
力強《ちからづよ》い日本語の言葉《ことば》が
心《こころ》にとどいた

この間《あいだ》　お父さんとお母さんが
「アミは何《なに》も話《はな》さない　いわない」
「学校のこと　なにもわからない
なんで　いわないの」
お母さんが　そんなことというの　はじめて
はじめて　お母さんのかなしそうな顔《かお》をみた
私　なにもいえなかった
話しても　わからないから

私　へやに入《はい》ったまま　ずっといた
お母さんが　ごはん食《た》べなさいって
いつもより　やさしい声《こえ》だった
すごく　お腹《なか》がすいていた
でも　食べられなかった
朝《あさ》　だれとも話さないで
学校へ行《い》きました
きのうの夜《よる》も朝も　なにも食べてない
お腹《なか》がなるとはずかしい
ぐっと　お腹をおさえながら
お昼まで　がんばりました

学校の友だちみんな
私　ハーフだと思《おも》ってる

先生と　いつもいますから
日本語の先生なのに
さっきも
「お母さん　学校にいました」って
友だちに　いわれました

私のお父さん　お母さん　ネパール人
私の顔《かお》　ぜんぶネパール人《じん》
学校で　外国人《がいこくじん》は私だけ
ほんとに　ビックリしました
フィリピン・ブラジル・アメリカ
まだいたかな……
ハーフの人　たくさんいます
女《おんな》の子《こ》は　すごーく　かわいいし

男《おとこ》の子は　背《せ》が高《たか》くて　カッコいい
私　小《ちい》ちゃい
私　顔かわいくない
ですから
いつも　マスクしてました
クラスの友だちが
アミさん　だいじょうぶ
マスクしなくたって　いいよって
今《いま》　していません

私　ハーフじゃないって
いいたいです
少し　間《ま》をおきながら
いいです　いいです

先生が　私のおかあさんて　いわれても
なんかいも　うなずきながら

それで　いいです
ニコッ　と笑顔《えがお》になって
大《おお》きく　また　大きく
うなずきながら
ひとりごとを　いうように
聞《き》かせて　いるように

ヴィーちゃんがお母《かあ》さんに

今日《きょう》はみんな時間《じかん》を忘《わす》れて勉強《べんきょう》していた
気《き》がつくと九時《くじ》を過《す》ぎている
教室《きょうしつ》の終《お》わりのあいさつをして
みんな足早《あしばや》に帰《かえ》っていく
私《わたし》も急《いそ》いで帰《かえ》りじたくをしている

ベトナムのウェイさんが
スマホの画面《がめん》を忙《いそが》しそうに動《うご》かしながら
「先生《せんせい》　先生　わかりますか」
私のところにかけ寄《よ》ってきた

「わかりますか　わかりますか」
ウェイさんは私の顔《かお》をのぞきながら
私の言葉《ことば》をまっている
一瞬《いっしゅん》考《かんが》えていると
待《ま》ちきれなくなってウェイさんは
「ヴィーちゃんですよ　ヴィーちゃんですよ
　おぼえてますか」
スッキリ顔《がお》で細《ほそ》みの女性《じょせい》
よーくみると
たしかにヴィーちゃんだ

ヴィーちゃんは
ふっくらとしてエネルギッシュ
いつも体《からだ》のどこかが動《うご》いていた

大《おお》きな目《め》をクリクリッとさせて
表情《ひょうじょう》豊《ゆた》かな笑顔《えがお》が愛《あい》くるしい
日本語《にほんご》がじょうずで話《はなし》も楽《たの》しい
みんなに頼《たよ》られるリーダーで
会社《かいしゃ》でも人気《にんき》ものだった
三年間実習《さんねんかんじっしゅう》をして帰《かえ》っていった

その時《とき》のヴィーちゃんとは違《ちが》う
画面《がめん》に映《うつ》るヴィーちゃんは
落《お》ち着《つ》きのあるやさしい目差《まなざ》し
この教室《きょうしつ》で勉強《べんきょう》していたヴィーちゃん
今《いま》　ベトナムにいるヴィーちゃん
両方《りょうほう》のヴィーちゃん
「そうです

細いヴィーちゃんです
ヴィーちゃん　たくさんたべても
みんなあげちゃいます
ふとくなれない」
心配《しんぱい》そうな顔《かお》をして見入《みい》る私《わたし》に
「赤《あか》ちゃんいます
男《おとこ》の赤ちゃん生《う》まれた
ふたご　ふたごですよ」
ウェイさんの声《こえ》が高《たか》まって
嬉《うれ》しそうにはずんだ
やさしい笑顔が　お話が
私にも幸《しあわ》せを分《わ》けてくれた
「すごーい　うれしいです
ヴィーちゃんが

お母さんになったんですね」
画面の中のヴィーちゃんと
対面《たいめん》している私がいた
「ヴィーちゃん　細いです
　細くてもヴィーちゃん
　しあわせです」

ウェイさんと話に夢中《むちゅう》になっていると
教室は二人《ふたり》だけになっていた

ほんのわずかな時間にウェイさんが
世界中《せかいじゅう》が瞬時《しゅんじ》にわかる
スマホの画面を指《ゆび》でスライドさせて
ベトナムにいるヴィーちゃんのことを
伝《つた》えてくれた

教室のドアを開《あ》けて
待《ま》っていてくれた　リンさんが
「ヴィーちゃんの赤ちゃん
　ふたごの赤ちゃん　見《み》ましたか」
やさしいほほえみをくれた
そして教室の明《あ》かりが消《き》え
ほんわりとして
帰《かえ》る足《あし》どりがかるい
三人《さんにん》の笑顔に　あったかい
明かりがともった

三年のあいだ
仕事に疲《つか》れていても

教室に来《き》て
ベトナムへ帰ったら
日本語の通訳《つうやく》になるのだと
勉強をがんばっていた
そして
たくさんの日本のお土産《みやげ》といっしょに
希望《きぼう》と思《おも》いを心《こころ》にあたためながら
ベトナムへ帰っていった

ベトナムで
就職《しゅうしょく》　結婚《けっこん》　そして出産《しゅっさん》と
ヴィーちゃんの
新《あたら》しい家族《かぞく》と
新しい生活《せいかつ》がはじまっている

一人二人《ひとり》と　年《とし》を追《お》いながら
思い思いの夢《ゆめ》をいだいて
ベトナムから　日本へ
そして将来《しょうらい》への道《みち》をみつけて
日本から　ベトナムへ
帰っていく

年月《ねんげつ》を重《かさ》ね　繋《つな》げて
日本とベトナムへ
いくすじもの道《みち》をつけ橋《はし》をかけ
手をつないで
大きく大きく広《ひろ》げている

フォン君《くん》のメール

「こんばんは先生《せんせい》
元気《げんき》です　メールを送《おく》ってくれました
ありがとうございます
来週《らいしゅう》は来《き》ます
お休《やす》みなさい」

「先生すみません
昨日《きのう》はお仕事《しごと》忙《いそが》しかったですから
これから　山梨《やまなし》で働《はたら》いています
時間《じかん》があればぜひ来ます」

フォン君から　お休みの時《とき》のメール
そして
教室《きょうしつ》からの返信《へんしん》メール　お知《し》らせメール
「来週二十日《らいしゅうにじゅうにち》は教室お休みです
次《つぎ》の教室は二十七日《にじゅうしちにち》です
寒《さむ》くなりました
風邪《かぜ》をひかないように気《き》をつけてください」
フォン君からお礼《れい》のメール
「こんばんは先生
いっしゅうかん　つかれました

メールを送《おく》ってくれました
本当《ほんとう》にありがとうございます
いつも　いつも　ありがとうございます
さいきんは　お仕事《しごと》ちょっと忙《いそ》がしいので
日本語《にほんご》教室に行《い》きませんでした
すみません
またこんどよろしくお願《ねが》いいたします」

フォン君はこの頃《ごろ》
お休みの日《ひ》が多《おお》くなってきた
去年《きょねん》の夏《なつ》に教室に運《はこ》んできてくれた
トマトやキュウリ　なす
フォン君の作《つく》った夏野菜《なつやさい》が懐《なつ》かしい

去年の三月《さんがつ》
四人《よにん》のベトナムの男子実習生《だんしじっしゅうせい》が
社長《しゃちょう》さんと一緒《いっしょ》に教室に来た
それからは
毎週七時《まいしゅうしちじ》をまわった頃《ころ》になると
ひとり　ふたりと教室に入ってくる
四人のニコニコ笑顔《えがお》が並《なら》ぶと
それだけで教室が明《あか》るくなった
一ヶ月《いっかげつ》　二ヶ月《にかげつ》と日が経《た》つと
四人が三人《さんにん》に
そして　フォン君一人《ひとり》になった
「みんな遠《とお》くではたらきます
帰り遅《おそ》いです　つかれます

べんきょう　できない
私はちかくで　はたらきます
毎週べんきょう　きます
私だけです
みんな　べんきょうしたい
でも　むりです」
一緒《いっしょ》に来《き》ていた仲間《なかま》を思《おも》いやってか
ポツリポツリ話《はな》しながら
バックからテキストを出《だ》して
学習《がくしゅう》の準備《じゅんび》をはじめていた
今年《ことし》の春《はる》になってフォン君が
「先生　私、東京《とうきょう》へ行《い》きます
しゅっちょうです

東京遠《とお》いですね
山梨　群馬《ぐんま》行きます」
「どのくらい　しゅっちょうですか」
と　中国《ちゅうごく》の張《ちょう》さんが聞《き》いた
「長《なが》いしゅっちょうです
一ヶ月か二ヶ月ちょっとわかりません
ほんとは　べんきょうしたい
でも　しかたないです
しごと一番《いちばん》だいじですから
帰《かえ》ったら　すぐ来《き》ます
その時《とき》　すぐ来ます」
教室にいるみんなは
いつものように話をしていても
フォン君の話し声《ごえ》が気《き》になって

耳《みみ》を澄《す》ませている
「フォン君　まってますから
みんな　まってますから
仕事　がんばってください」
中国の肖《しょう》さんがいった
「しばらくあえませんね
さみしいです
でも　フォン君は
休《やす》みにいろいろなところいきます
東京　いいですね　うらやましい」
教室のみんなに声をかけられても
フォン君の顔《かお》が上《あ》がらない
下《した》をむいたままだ
「フォン君がいると　おもしろいから

でも静《しず》かになりますね」
フォン君と並んですわった
ベトナムのナムさんとハさんが
笑《わら》いをさそおうとするが
その笑顔も消《き》えそうだ

教室のなかは　フォン君が
来週《らいしゅう》からお休みになる
その話で　みんな
なんだかんだと
フォン君に話しかけながら
お別《わか》れの言葉《ことば》になっていく
そのうちに
笑顔のない　フォン君に

「帰りを待《ま》っているよ」という
みんなの言葉がとどいたようだ

フォン君に笑顔がもどって
みんなの話の中《なか》に入《はい》り
にぎやかになった
フォン君のちょっと調子《ちょうし》のはいった
高《たか》めの笑い声が
いつもより大きく聞こえてくる
そして
「これがあるから　一人でも勉強《べんきょう》できます
ベトナムから　お母さん送ってくれた
帰ったとき
アパートに　届《とど》いていました
　がんばって　勉強します」
フォン君の日本語の勉強が
少しでもできるようにと送られてきた
ベトナム語と日本語で書かれている
日本語のテキストを
自慢《じまん》そうにかかげてみせた

いつものフォン君にもどって
学習をはじめている
みんなも　それぞれのテーブルで
それぞれの学習をはじめた
時《とき》を刻《きざ》んでいる時計《とけい》のように
日本語教室は
いつも　いつでも

どんな時でも
つづいていく

そして

二ヶ月も経った頃
「こんばんは
よろしく　おねがいします」
フォン君が教室にあらわれた
教室にいたみんなは　口ぐちにいう
「フォン君　どうしましたか
早すぎます」
「早いですね　早いですね」
声が重《かさ》なるように　いっている

教室に入って来た張さんとハさんの
おどろいた顔が
笑顔いっぱいに変わる
「仕事　早くおわりました
さっき　アパートに帰りました
すぐ教室に来ました」

笑顔を教室の中にふりまきながら
いつものテーブルに座《すわ》って
いつものように
日本語の勉強をはじめていた

ドミさんの日本語《にほんご》(一)

今日《きょう》は四月《しがつ》　新《あたら》しい教室《きょうしつ》の始《はじ》まり
新しい先生《せんせい》も加《くわ》わってのスタート

「はい　こんばんは」
元気《げんき》のいいネパールのナンダさんが
黒《くろ》のネパール帽《ぼう》で　教室に入《はい》ってくる
ナンダさんの後《うしろ》から
同《おな》じネパールのドミさんは
キャップをかぶって
ドミちゃんスマイルでまけていない
ナンダさんは入《い》り口《ぐち》に近《ちか》いテーブル
ドミさんは一番奥《いちばんおく》のテーブルへ

「今日は何《なに》するかな」
ナンダさんは厚《あつ》いテキストを手《て》にして
「どこからかな　ここからかな」
パラパラとめくりながら
先週学習《せんしゅうがくしゅう》をしたページをみつけて準備《じゅんび》ＯＫ
「ナンダさん　今日は先生誰《だれ》にしましょう」
私《わたし》が話《はな》しかけると
「だれでもいいよ
　先生はみんな同《おな》じ先生だから

だいじょうぶ」
口元《くちもと》のお鬚《ひげ》がピクピクと動《うご》いて
使《つか》いなれた日本語で答《こた》える

日本に住《す》んで
ネパールの家族《かぞく》を守《まも》りながら
日本語の勉強《べんきょう》をつづけている
ドミさんには今日から　新しい男《おとこ》の先生
「はじめまして　桜井《さくらい》です
よろしくおねがいします」
挨拶《あいさつ》をしながら
ドミさんの横《よこ》に並《なら》んで椅子《いす》に座《すわ》った
ドミさんと桜井先生は　今日から

一緒《いっしょ》に学習する　パートナーになった
ドミさんはテキストを開いて
桜井先生はドミさんの記録表《きろくひょう》に目《め》を通《とお》して
二人《ふたり》の学習がはじまった

教室も一ヶ月過《いっかげつす》ぎた頃《ころ》
「テレビでネパールの人見《ひとみ》ました
ドミさんのこと　思《おも》い出《だ》して見ました」
桜井先生がドミさんに話《はなし》をしている
「ネパール人《じん》？　わたしもネパール人
わたしと　おなじ？」
自分《じぶん》を指差《ゆびさ》しながら　ニッコリとして
「わたし　わたしのこと？」
桜井先生は　うなずきながら

眼《め》がねの奥《おく》から　やさしくドミさんを見た
そして
「ドミさん
日本の食《た》べ物《もの》　食事《しょくじ》はだいじょうぶ」
桜井先生はゆっくりと
やさしい日本語で話しかける
「ネパール人　ブタにく　ウシ　たべない
ナンダさん　たべない」
「ドミさんも食べませんか」
桜井先生に聞《き》かれて
「わたし？　ぶっきょう
なんでも　だいじょうぶ　たべられる」
ドミさんは話をしながら
桜井先生の声《こえ》になれて　やさしい言葉《ことば》を

少《すこ》しずつ覚《おぼ》えている
隣《とな》り村《むら》の観光地《かんこうち》のホテルで働《はたら》くドミさん
夏《なつ》や　特《とく》に冬《ふゆ》シーズンは
教室に姿《すがた》がない
それでも
「きょう　しごと　やすみ
にほんご　べんきょう」
ひょっこり顔《かお》をみせる
勉強しながら　休《やす》みながら
ドミさんの日本語の勉強はつづいている
九月《くがつ》になって　学習をしている手《て》をとめて
「わたし十一《じゅういち》がつネパールかえる
三《さん》ねんかえらない　おくさんまってる」

桜井先生は　話をききながら
「奥《おく》さんのお土産《みやげ》は　何《なん》ですか」
と聞く
ドミさんは
「おみやげ……　ああ　プレゼント
　まだ　おみやげ　まだ」
うれしそうに話し
また　テキストにもどっていく
桜井先生の話す言葉の後《あと》につづいて
ひとつ　ひとつ　丁寧《ていねい》にはっきりと
発《はっ》する声が聞こえてくる
八時《はちじ》の　ちょっとした　ブレイクタイム
お茶《ちゃ》と　チョコレートと　キャンディー

テキストからはなれて
ホットな　ひととき
ひと口《くち》のお茶と　お菓子《かし》
この時間《じかん》は　ナンダさんの時間
日本語もかなり上達《じょうたつ》している
忙《いそが》しくても　時間があれば
たとえ一時間《いちじかん》でも　教室にきて自主《じしゅ》学習
そして　先生と丁寧な日本語の学習
ドミさんにとって　ナンダさんは
日本での生活《せいかつ》の　大先輩《だいせんぱい》
この時間は
いつも静《しず》かにしているドミさんに
仕事の様子《ようす》を聞いてみた
「まだ　ゆき　すくない

ゆきふる　おきゃくさん　いっぱい
ホテル　いそがしい」
「ホテル　はたらきます
ずっと　ホテルいるから
やすみじかん　にほんごべんきょう」
時《とき》には　身《み》ぶり　手ぶりで
言葉のキャッチボール
やさしい日本語で
やさしく返《かえ》してくれる

十一月　十二《じゅうに》月も終《お》わり
ドミさんは　ネパールから帰っている頃
雪《ゆき》が降《ふ》って　今《いま》
スキー場《じょう》は　一番忙しい時《とき》

「今日は　無理《むり》かな……」
ドミさんの　テキストを準備して
待っている桜井先生が
ポツリと　いった

今日は
今年最後《ことしさいご》の教室

ドミさんの日本語《にほんご》(二)

「久《ひさ》しぶり」
「元気《げんき》でしたか」
先生《せんせい》たちが　かわるがわる声《こえ》をかけている
ドミさんは　四カ月《よんかげつ》ぶりの教室《きょうしつ》
「仕事忙《しごといそが》しかったですね
　ネパールはどうでしたか」
香先生《かおりせんせい》が声をかけながら
ドミさんのテーブルの前に座《すわ》った

「ネパール　十五《じゅうご》にち　いました
　つま　は　げんきでした」
「つまーー！　ドミさん　すごい！」
耳《みみ》にした私《わたし》は
びっくりして　つい声が大《おお》きくなった
香先生も
「ドミさん　つま！　おくさん」
「はい　おくさん　わたしのおくさん
わたし　と　おくさん　ふたり
こども　いない　ふたりだけ
まいにち　ともだち　いっしょ」
そして　思《おも》い出《だ》したように
「ネパールで
　おくさん　たんじょうび

郵便はがき

恐れいりますが
切手をお貼りください

248-0017

神奈川県鎌倉市佐助 1-10-22 佐助庵

㈱ 銀の鈴社

ジュニアポエムシリーズNo.296

『アジアのかけ橋』

担当 行

下記個人情報につきましては、お客様のご意見・ご要望への回答ならびに銀の鈴社書籍・サービス向上のために活用させていただきます。なお、頂きました情報につきましては、個人情報保護法に基づく弊社プライバシーポリシーを遵守のうえ、厳重にお取り扱い致します。

ふりがな	お誕生日
お名前 (男・女)	年　月　日
ご住所 (〒　　　　) TEL	
E-mail	

☆ **この本をどうしてお知りになりましたか？** (□に✓をしてください)

□ 書店で　□ ネットで　□ 新聞、雑誌で(掲載誌名：　　　)

□ 知人から　□ 著者から　□ その他(　　　)

★ Amazonでご購入のお客様へ　おねがい★

本書レビューをお願いいたします。

読み終わった今の新鮮な気持ちが多くの人たちに伝わりますように。

ご愛読いただきまして、ありがとうございます

今後の参考と出版の励みとさせていただきます。
（著者へも転送します）

◆本書へのご意見・ご感想をお聞かせください

◆著者：川上佐貴子さんへのメッセージをお願いいたします

※お寄せいただいたご感想はお名前を伏せて本のカタログや
ホームページ上で使わせていただくことがございます。予めご了承ください。

ご希望に✓してください。資料をお送りいたします。▼

本のカタログ　□野の花アートカタログ　□個人出版　□詩・絵画作品の応募要項

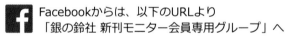

ゲラを先読みした 読者の方々から

「本のたんじょうに たちあおう」

~ 好きな作品と感じたこと ~

川上佐貴子さんの詩は、私が今まで詩と認識してきたものとは
少し違う形体のもののように感じられました。
ものがたり詩というジャンルに納得です。
日本語教室のとある日常を描いた作品。
その中で繰り広げられる学生たちの人間模様。
独特なカラーやリズムにつつまれる感覚がなんだか心地よく、
楽しく拝読させていただきました。
この詩集を読み終えた時にふと
「世界中のこどもたちが」という童謡を思い出しました。
この詩集をとおして、自分とはいったい何者なのだろうか、
これまで慣れ親しんできた文化や言語などについて
改めて考えさせられるきっかけとなりました。
そしてたくさんの勇気を与えてもらいました。

私の好きな3作品

1) ズンちゃんのやくそく
2) アミさんの高校生活「それで　いいです」
3) フォン君のメール

（女性・30代）

上記は寄せられた感想の一部です※

ジュニアポエムシリーズNo.296
川上佐貴子 詩集
『アジアのかけ橋』
銀の鈴社刊

おおきい　キーク　プレゼント」
「キーク　キークって……　それって何？」
若《わか》い香先生から　言葉《ことば》がとんできた
私も　キーク　キーク　さて？
隣《となり》のテーブルで聞《き》いていた
同《おな》じネパールの　ナンダさん
「先生　キーク
シー　エイ　ケイ　イー　」
あぁ　C　A　K　E　ケーキ
教室の中《なか》は　みんなで考《かんが》えて　笑《わら》って
一緒《いっしょ》に楽《たの》しんでいる
日本では　ケーキ
ネパールでは　キーク
「二人《ふたり》で大きなケーキ

どうやって　食《た》べたんですかね」
香先生は　考えるようにいう
すると　ドミさんは笑いながら
「ともだち　いっぱい　だいじょうぶ
おくさん　キーク　小さい　ちょっとだけね」
一生懸命話《いっしょうけんめいはな》すドミさんに
教室のみんなは　爆《ばく》笑　その中《なか》に
ドミさんの笑い声がはじめて聞《き》こえた
ドミさんの　ゆっくり話す日本語を
みんな　ワクワクしながら
耳をそっと向《む》けて　聞いている

「わたしのホテルから　えきまで
あるいて　二十五《にじゅうご》ふんくらい
えきから　でんしゃで　四十五《よんじゅうご》ふん
えきから　あるいて
きょうしつまで　三十《さんじっ》ぷん
一《いち》じかん四十ぷん　ここにきます」
ドミさんは時間《じかん》の学習《がくしゅう》をしながら
ドミさんの生活《せいかつ》も　ネパールの文化《ぶんか》も
覚《おぼ》えた日本語で　教《おし》えてくれる

雨《あめ》の降《ふ》る暗《くら》い夜《よる》の道《みち》を
雪《ゆき》の積《つ》もった道《みち》も
二年《にねん》の間《あいだ》
晴《は》れの日《ひ》と　同じ歩調《ほちょう》で
同じ時間を　ドミさんは
日本語教室への道を　歩《ある》いてきた

娘《むすめ》のあいこは日本人《にほんじん》

日本に来《き》て
もう　十七年《じゅうななねん》になります
日本で生《う》まれた　娘のあいこは
高校一年生《こうこういちねんせい》になりますから
早《はや》いですね
日本語《ご》勉強《べんきょう》したのは　十七年前《まえ》
日本語教室《きょうしつ》　懐《なつ》かしいです

私《わたし》は　中国《ちゅうごく》から日本へ来て
日本人の　お嫁《よめ》さんになりました
主人《しゅじん》も　中国語の辞書《じしょ》を持《も》って
教室で　一緒《いっしょ》に勉強しました
日本語教室で勉強できたから
ほんとうに　助《たす》かりました
ありがたかったですよ
良《よ》い　思《おも》い出《で》になりました

私は　日本人のお嫁さんと
同《おな》じように　なりたくて
日本語も　日本の生活《せいかつ》も
覚《おぼ》えようと　一生懸命努力《いっしょうけんめいどりょく》しました
ほんとうに　頑張《がんば》りました

それでも
どんなに頑張って勉強しても
日本語は
日本人のように　話《はな》せない
無理《むり》です
私は　中国人ですから
中国人の　お父《とう》さん　お母《かあ》さん
中国で生まれ　中国で育《そだ》ち
中国語で生活して　大きくなりました
あいこは
日本人の主人と　中国人の私の子《こ》
日本で生まれ　日本で育って
日本語で生活しています

私は　あいこを
日本人と同じように
日本語だけで　育てました
だから　全部《ぜんぶ》日本人
あいこは　日本人
私は　中国人

私は　日本語教室で　日本語を覚え
あいこは
日本の家族《かぞく》に迎《むか》えられて生まれてきました
あいこは日本人　私のあこがれ

ハ先生《せんせい》

地域《ちいき》の大《おお》きなスーパーで
カートを押《お》しながらコーナーを廻《まわ》っていく
食料品売《しょくりょうひんう》り場《ば》は
仕事帰《しごとがえ》りに夕食《ゆうしょく》の買《か》い物《もの》をする人《ひと》たちや
外国《がいこく》の人の姿《すがた》も多《おお》くなってくる

あれこれと探《さが》しながら行《い》くと
小柄《こがら》な女性《じょせい》が私《わたし》の所《ところ》にかけ寄《よ》ってきた
私の顔《かお》を見上《みあ》げるように

「私　わかりますか　覚《おぼ》えていますか」
突然《とつぜん》のことで言葉《ことば》に戸惑《とまど》っていると
「私　ハです　お久しぶりです
今日《きょう》はベトナムから一緒《いっしょ》にきた実習生《じっしゅうせい》に
買い物をしながら教《おし》えているところです」
「ハさん　先生になったんですね
また会《あ》えて嬉《うれ》しいです」
手《て》を取《と》り合《あ》って喜《よろこ》んでいると
少《すこ》し離《はな》れた所《ところ》から七《しち》、八人《はちにん》の実習生が
私たち二人《ふたり》に視線《しせん》を向《む》けている
ハさんは
「あっ　行《い》かないと
先生実習生に日本語《にほんご》お願《ねが》いしまぁす」
と言葉《ことば》を残《のこ》してあわてて駆《か》けて行った

ハさんと実習生が笑顔《えがお》をおくっている
ありがとうの言葉を笑顔でかえした

ハさんは　会社《かいしゃ》の
日本語教室《きょうしつ》へ熱心《ねっしん》に来《き》ていた
学習《がくしゅう》がはじまって
私がひとりでいることを確《たし》かめながら
「先生　チェックお願いします」
テキストを開《ひら》き私にみせて
椅子《いす》をぴったりとつけて座《すわ》った
ハさんは印《しるし》をつけてある問題《もんだい》を
一問《いちもん》一問聞《き》きながら
ベトナム語で書《か》き込《こ》んでいる
ときどき自信《じしん》のある笑顔をみせてくれた

学習しながら　あい間あい間《ま》に
「私ね　日本語学校の先生になりたい
私N２合格《かく》した　先生になれるけど……ね
N２合格安心《あんしん》　だいじょうぶ
もうすぐ帰国《きこく》する　それまでがんばる
ベトナムへ帰ってN２合格するね」
ハさんの不安《ふあん》げな顔に
みせる笑顔が光《ひか》っていた
あれから一年《いちねん》が経《た》つ
先生になったハさんは
おおぜいの実習生と一緒に日本へ帰《かえ》ってきた
〝ハさん　お帰りなさい〟
りっぱに成長《せいちょう》し　ひとり立《だ》ちした姿《すがた》に
わが子《こ》を迎《むか》える母《はは》になっていた

タインさんの笑顔《えがお》

今日《きょう》はまだ誰《だれ》も来《き》ていないだろう　と
教室《きょうしつ》のドアを開《あ》けた
長《なが》い髪《かみ》を後《うし》ろで束《たば》ね
ジージャンを着《き》たタインさんが
広《ひろ》い教室の窓《まど》ぎわのテーブルにみえた
「こんばんは　タインさん
　今日は早《はや》いですね　一番《いちばん》」
と話《はな》しかけながら

タインさんの横《よこ》の椅子《いす》に座《すわ》った
いつも無口《むくち》なタインさんが
「しごと　ここ
　ここ　いま」
「そうね　朝《あさ》から仕事《しごと》　夜《よる》教室
　ずーっと　ここ　大変《たいへん》」
私《わたし》がいうとタインさんはただうなずくだけ
仕事で疲《つか》れその後の日本語《にほんご》教室
実習生《じっしゅうせい》としてまだ日《ひ》の浅《あさ》いタインさん
今日のタインさんは元気《げんき》がない
「わたし　にほんご　あまり　はなせない
　にほんご　むずかしい
　しごと　むずかしい　つかれます」
私の顔《かお》を見ようともしないで

伏《ふ》し目《め》がちに　ゆっくりと話《はな》す
「みんな　にほんごじょうず
　わたし　へた
　にほんご　むずかしい」
一生懸命《いっしょうけんめい》自分《じぶん》の気持《きも》ちを伝《つた》えようと
覚《おぼ》えた言葉《ことば》を
並《なら》べるように　話している
「だいじょうぶ　一緒《いっしょ》に　お話しましょう
　お話する　と　言葉　覚えます」
タインさんは　話しかけないと
ずうっと口《くち》をとじている
「みんな　はなしする
　わたし　だめ」
心配《しんぱい》そうな目を　開《ひら》いたテキストに向《む》けた

「タインさん
ベトナムの家族《かぞく》　は　何人《なんにん》ですか」
話しかけると　ようやく私の顔を見ながら
「わたしの　かぞく　ちち　はは
いもうと　おとうと」
「お父《とう》さん　お母《かあ》さん　タインさん
妹《いもうと》さん　弟《おとうと》さん　五人《ごにん》家族ですね」
「はい　ごにん　です」
笑顔《えがお》で答《こた》えてくれた
「わたし　十九《じゅうきゅう》さい
いもうと十九さい」
「同《おな》じ年《とし》　双子《ふたご》？」
両方《りょうほう》の人《ひと》差《さ》し指《ゆび》を並《なら》べ
「ふ　た　ご」

タインさんはニコニコッとして
「ふたご？　ふたご……
はい　ふたご　です」
白《しろ》い歯《は》をみせながら
笑顔のタインさんはステキだ
ポケットにあるキャンディーを思《おも》い出《だ》して

「キャンディーどうぞ」
タインさんは両手《りょうて》を添《そ》えて受《う》け取《と》って
嬉《うれ》しそうに見ていた
「これ　ベトナムの　キャンディー
せんせい　どうぞ」
二人《ふたり》で日本とベトナムのキャンディー交換《こうかん》
「タインさんとお話　楽《たの》しいです」
という私に
「わたし　も　せんせい　と
たのしい　です
にほんご　べんきょう　がんばります」
タインさんの笑顔がずっとみられ
芯《しん》の強《つよ》さもそこにあった

教室のドアが開《あ》いて　チャンさんが
顔だけ出《だ》してのぞいている
アンちゃんはチャンさんの上に顔を出して
押《お》し込《こ》むようにして教室に入《はい》ってきた
その後《あと》につづいて
リンちゃん　イエンさん　ズンさんと
教室の中《なか》はにぎやかになってきた
みんなが揃《そろ》うまで
ベトナム語の話し声《ごえ》が聞《き》こえ　よく笑《わら》い
色《いろ》とりどりの花《はな》が開《ひら》いたように
テーブルに並《なら》ぶ
一番早く来ていたタインさんは
みんなの中で一段《いちだん》と笑顔の
花びらを大《おお》きく広《ひろ》げている

マット君《くん》がいない

(一)

マレーシアのハルさんは
小学校六年生《しょうがっこうろくねんせい》の娘《むすめ》のエミさんと一緒《いっしょ》に
日本語教室《にほんごきょうしつ》に来《き》ていた
ハルさんは日本語のレベルを上《あ》げたいと
上級《じょうきゅう》クラスの教室
エミさんは入門《にゅうもん》クラス

国語《こくご》の教科書《きょうかしょ》と宿題《しゅくだい》を持《も》ってきて自由勉強《じゆうべんきょう》

ハルさんが
「エミの他《ほか》に小学校三《さん》年生の男《おとこ》の子《こ》がいます
日本語あまり話《はな》せない
ちょっと大変《たいへん》な子《こ》なんですけど……
落《お》ち着《つ》いていられないんです」
そういいながら
「マットを来週《らいしゅう》つれてきていいでしょうか
シンガポールで生《う》まれて英語《えいご》話します」
話を一緒《いっしょ》に聞《き》いていた細田先生《ほそだせんせい》が
「先週《せんしゅう》までマカオの男の子と
勉強《べんきょう》してました
私《わたし》マット君《くん》と一緒にやります

英語ができれば覚《おぼ》えやすいですから」
そしてマット君は初級《しょきゅう》クラスの生徒《せいと》になる

今日《きょう》はハルさん　エミさん　マット君
三人《さんにん》で来て　それぞれの教室にわかれた
ベトナムのチャンさんとフェさんが
私の教室で試験《しけん》にそなえてテスト勉強
しばらく静《しず》かな時間《じかん》　そこへ
細田先生がかけ込《こ》んできた
「先生無理《むり》です　やっぱりだめです
マット君と勉強はちょっと……
遊《あそ》んでいるんですよ　フィギュアで
すぐ教室から出ていくんですよ」
ベテランの細田先生の困《こま》った顔《かお》をみて

初級クラスへ行《い》ってみた
マット君が教室へ帰《かえ》って行《い》く
その様子《ようす》をみながら
「マット君　私の教室へ行きましょう」
二人《ふたり》で教室を出た
「ここ　人《ひと》おおぜい　やだ
人いない？　人　やだ」
マット君が不安そうに聞《き》く
「だいじょうぶ　だいじょうぶ」
マット君はふくらんだ手《て》さげ袋《ぶくろ》を
大切《たいせつ》そうに持《も》っている
二人で教室に入っていくと
「人　いるじゃん……」
マット君の足《あし》が止《と》まる

チャンさんフェさんが振《ふ》り返《かえ》って
マット君にニッコリとした
また背《せ》を向けて問題用紙《もんだいようし》に
鉛筆《えんぴつ》を動《うご》かしている
不安そうに一番後《いちばんうし》ろのテーブルに座《すわ》って
となりのテーブルにいる私をみた
少《すこ》し安心《あんしん》したように
手さげ袋からノート・筆箱《ふでばこ》と色《いろ》鉛筆
そしてフィギュアの山《やま》ができた
一体一体《いったい》を間《かん》かくをみながら並べ
テーブルの上《うえ》にフィギュアで
マット君の世界《せかい》ができた
「これね　じゅんばんがあるの
みんな　なまえ　いえるよ」

お気《き》に入《い》りなのか　五《ご》、六体《ろくたい》を前《まえ》に並べた
フィギュアがマット君を見《み》てる
絵《え》を描《か》きながら
「この子　すごく　つよいんだよ」
マット君の顔が
描く男の子の絵のように強《つよ》く輝《かがや》いている
「マット君　強《つよ》い子《こ》が好《す》きなんだね」
少し笑顔《えがお》をみせてうなずいた
マット君が教室を出ていく
すぐに戻《もど》ってきた
また席を立って出ていく
「トイレですか」と声をかける
うなずきながら教室を出ていった
今度《こんど》は少し長《なが》い

出ていったときより元気《げんき》な顔で帰ってきた
「お母《かあ》さん一生懸命《いっしょうけんめい》勉強してたでしょ
お姉《ねえ》ちゃんとお話《はなし》してきた?」
マット君は大きくうなずいた
また絵のつづきがはじまった
教室にある壁《かべ》の時計《とけい》を気にしながら
教室が終《お》わる十分前《じっぷんまえ》
マット君のテーブルの上は
きれいにかたづいていた
来たときと同じように
ふくらんだ手さげ袋をしっかり持って
教室を出ていくところを声をかけた
「マット君　また来週」
うなずいて　静《しず》かに出ていった

「マット　だいじょうぶだったでしょうか―」
ハルさんが二人をつれて心配そうに聞く
「マット君　絵を描くのが好きなんですね
今日は絵を描いていました
私もマット君と一緒で楽しかったです
マット君　来週また描きましょうね」
うなずくマット君に
ハルさんの顔がほころんで
エミさんとマット君の肩《かた》に手をおいた
三人が重《かさ》なるように帰っていった

(二)

一緒に来たハルさん　エミさんとはなれ
マット君は教室に入ってくると

教室の中をぐるりとみまわし
誰《だれ》もいないのを確《たし》かめている
「今日は　だれもいない」
マット君の緊張《きんちょう》がほぐれていく
わたしのテーブルの少し後ろに座った
いつもは広《ひろ》い教室の奥半分《おくはんぶん》のライトをＯＦＦ
今日は全部《ぜんぶ》ＯＮにして
昼間《ひるま》の明《あか》るい教室になった
先週と同じようにフィギュアが並ぶ
気に入ったひとつを描いている
時間を楽《たの》しむように色をつけていく
疲れたのか手を休《やす》め教室を出て行った
すぐ戻ってきて　またつづけている
出《で》き上《あ》がった絵《え》を満足《まんぞく》そうに眺《なが》めながら

一番いい笑顔をみせてくれた
今日はフィギュアと一体になれた
マット君の思いっきりの時間
それでも帰る時間になると
手さげ袋を宝物のように持って
さっさと帰っていった

㈢

一週一週《いっしゅう》とマット君の手さげ袋は
スリムになっていく
教室に来る足《あし》どりも軽《かる》くなって
マット君の顔にも明かりがみえた
フィギュアの数《かず》も少なくなって
色鉛筆とノートはテーブルの上から消《き》えた

教室に入ってきて同じテーブルに座る
今日は算数《さんすう》の宿題《しゅくだい》をはじめている
「ママがこれ　おわったら
フィギュアで　あそんでいいよって
いっぱいは　だめって
きょうは　これだけ」
手さげ袋のフィギュアは
マット君のお気に入りのものだけ
ちらっと見せるようにして
勉強がはじまった
「2＋3　に　さん　ファイブ」
数が大きくなると両手《りょうて》の指《ゆび》をかりて
「いち　に　さん　フォー　ファイブ……」
十本《じっぽん》の指と英語に助《たす》けられて終わらせた

「あってる？　みて」
「あってる　あってる　大丈夫」
安心したように
宿題とフィギュアを袋に入れ替《か》えて
マット君の自由時間になった
宿題をするようになってから
何回《なんかい》か教室に通《かよ》って来るうちに
マット君の手さげ袋から
フィギュアがすっかり消えた
算数の宿題と筆箱　そして手さげ袋を
テーブルの上に並べて
学習しやすいように
手さげ袋はマット君の横の椅子の上におく
それから宿題をはじめる　時《とき》どき

「ママが作ってくれたんだよ」
手書きの算数の問題を私に見せながら
「ぜんぶ　おわらせないとね
ママに　みせないといけないから」
学校の宿題よりママの宿題に力《ちから》が入る
気がつくとマット君はずっと座っている
教室を出ていくけはいもない
トイレタイムも忘れている
一《いち》時間半《はん》の学習時間を
しっかり自分のものにしている
教室になれてきたのか
テーブルの上には筆箱と宿題
テーブルの横《よこ》のフックに
手さげ袋がかけられ

静かに落ち着いて学習をしている
勉強を終わらせると全部かたづけて
手さげ袋はテーブルの上においた
今日は疲れていたのか
椅子を並べて　その上に体《からだ》を横にしている
マット君のレストタイム
「ゆっくりしていいですよ
　時間になったら起《お》こしてあげるから」
声をかけた私に
首《くび》を横に振《ふ》りながら目をとじた
それでもいつもの時間になると
起き上がってしっかり手さげ袋を持って
教室を出ていった

㈣

「マット　いませんか」
帰る準備をしている所へ
ハルさんとエミさん
心配そうな顔をして教室の前にいた
「マット君ですか……」
教室の奥半分暗くなった教室を見廻《みまわ》す
テーブルの上にはなにもない
もう帰っているはず
「マット　いつも私の所に来て
一緒に帰るんですが　今日は来ないので
一人で帰って駐車場《ちゅうしゃじょう》で待《ま》っていると思《おも》って
行ってみたら　いないんです

マットの行きそうな所
さがしたんですが　いないんです」
「教室にはみえないんですが……」
と言いながら　それでもと思い
テーブルの間をひとつひとつのぞいてみた
暗くなっているテーブルには
行かないだろうと思いながらもみていく
ほど良《よ》い明《あ》かりのテーブルの間《あいだ》で
椅子の上に大《だい》の字《じ》になったマット君
なんとも言えない寝顔《ねがお》のマット君がいた
かける声もわすれて　一瞬《いっしゅん》見いっていた
「マット君　マット君
疲《つか》れたね　気持《きも》ちいいね　起《お》きましょう」
私を見るように目をあけて

また眠《ねむ》りに入ってしまった
「お母さん　待っていますよ　帰りましょう」
お母さんという言葉に目をあけて
ようやく体を起こしている
「マット君手さげ袋は……？　」
テーブルの横にしっかりとかけてあった
まだ眠りの中にいながら
足《あし》は教室の外《そと》で待っている
お母さんに向いて歩いていた
「マット　帰りましょう」
お母さんの声を聴きながら
お母さんとお姉さんの間
三人は体を寄せるようにして
帰っていった

ドミさんの日本語《にほんご》(三)

ドミさん　日本語上手《じょうず》になりましたね
仕事《しごと》の時《とき》　日本語で話《はなし》ができるでしょ
と聞《き》くと
「ホテルで外国人《がいこくじん》　私《わたし》だけ　私ひとり
仕事のとき　何《なに》も話しない
私仕事わかりますから
わからない仕事　はじめての仕事
ホテルの人《ひと》　教《おし》えます
親切《しんせつ》です　やさしいです

私わかります
仕事ない時《とき》　みんな部屋《へや》にいます」
クスッと笑《わら》いをみせながら
「何《なに》も話さない　私も部屋《へや》にいますから」
ドミさんはみんなの笑顔《えがお》をさそった
生活《せいかつ》をしながら　日本語を覚《おぼ》え
仕事を覚えていく
「仕事の時は辞書形《じしょけい》
行《い》く　する　食《た》べる
これだけね」
日本語教室《きょうしつ》では丁寧語《ていねいご》
「行きます　します　食べます
丁寧語勉強《べんきょう》します
日本語教室ここだけね　日本語の勉強」

ドミさんは日本語教室での学《まな》びを
ぐいぐいと自分《じぶん》の力《ちから》にしている
バッグを教室の窓側《まどがわ》の棚《たな》の端《はし》において
テーブルの端の椅子《いす》に座《すわ》った
テキストの学習《がくしゅう》に入《はい》る前《まえ》に
仕事の話を聞《き》きながら
話《はな》すドミさんの日本語の上達《じょうたつ》ぶりに
喜《よろこ》びと嬉《うれ》しさと楽《たの》しみを繋《つな》げてくれる
学習をはじめる人　準備《じゅんび》をしている人も
ドミさんの話を聞いている
うなずきながら
チラリとドミさんを見《み》たりしながら
山《やま》のホテルで働くドミさん

こしあぶら

たらの芽

ホテルから山近《ちか》いですか
今《いま》　山菜《さんさい》がたくさんありますね
「ああ　はい　山いきます
山　すぐ　そこ　ホテル近い
おかみさんと一緒《いっしょ》にいきました」
こしあぶら　たらの芽《め》　山菜……
「ああ　こしあぶら　そう　山菜」
女将《おかみ》さんの腰《こし》につけたカゴを
両手《りょうて》で丸《まる》をつくり　片手《かたて》で丸
そこに山菜を入れるドミさんの仕草《しぐさ》を
目《め》で追《お》いながら　カゴ　カゴですか？
ドミさんは思《おも》い出《だ》したように
「はい　カゴ　カゴね
おかみさん　山菜たくさん　じょうず

ぜんまい

カゴ　いっぱい」
山菜採り　いいですね
こしあぶら　たくさん採れましたね
「テンプラおいしいです」
ドミさんと私の話に
教室の人たちの目がテキストから離《はな》れていく
「こしあぶらのテンプラ食べました
おいしい
おかみさん料理《りょうり》します　じょうず
ホテルのお客《きゃく》さん食べます　食べました」
働きながら日本語を勉強して　覚えて
日本の生活に　言葉になれて
話す日本語も少しずつ長く繋がっていく
ドミさんは日本語教室で

話したり　読《よ》んだり　書《か》いたり
二時間《にじかん》があっという間《ま》に過《す》ぎていく
ドミさん　来週《らいしゅう》は来《こ》られますか
来週……
真剣《しんけん》な顔《かお》で確《たし》かめるようにして
「はい　まだ仕事ない　大丈夫
来週　大丈夫　勉強きます」
にこやかに言う
教室の入り口に立つドミさん
ベトナムのトゥイさんとフォンさんは
笑顔をかわし帰っていった
ドミさんの一等星《いっとうせい》の笑顔が連鎖《れんさ》し
帰る人みんなが笑顔になった

リンちゃんから私《わたし》へ

実習生《じっしゅうせい》として働《はたら》き　夜《よる》の日本語《にほんご》教室《きょうしつ》で学《まな》び
ベトナムへ帰《かえ》ったリンちゃんが
ベトナムと日本をつなぐ通訳《つうやく》となった
ベトナムで日本語を学んだ実習生《じっしゅうせい》と一緒《いっしょ》に
リンちゃんが再《ふたた》び日本へやってきた
そして一ヶ月《いっかげつ》実習生の指導《しどう》にあたる
ベトナムから十人《じゅうにん》の女子《じょし》実習生が
これから日本で生活《せいかつ》をしながら

仕事《しごと》を覚《おぼ》え　日本語になれていく
今日《きょう》は初《はじ》めての日本語教室
「はじめまして　私はフンと申《もう》します
二十一才《にじゅういっさい》です
どうぞよろしくお願《ねが》いします」
はじめまして　と
日本の文化《ぶんか》である　おじぎ
丁寧《ていねい》におじぎ
おじぎの所作《しょさ》が美《うつく》しい
それから自己紹介《じこしょうかい》
そして最後《さいご》におじぎ
十人の実習生が
パシッときめた挨拶《あいさつ》には
身《み》がひきしまる

私の自己紹介に
お願いします　の言葉《ことば》を
十人一同《いちどう》に返《かえ》してくれた

基本《きほん》のテキストがもう少《すこ》しで終了《しゅうりょう》
身近《みぢか》な話題《わだい》や文章《ぶんしょう》が理解《りかい》でき
ゆっくりとした話《はなし》がほぼわかるレベル
リン先生はここまで日本語の指導をした
それに合《あ》わせた問題《もんだい》をはじめている
十人の実習生の日本語の学習《がくしゅう》は
今日からはリンちゃんから私にバトンタッチ
二人《ふたり》ずつのグループで答《こた》え合《あ》わせ
スアンさんとニンさんが一緒《いっしょ》になった
「ベトナムの日本語学校で
六ヶ月《ろっかげつ》日本語を勉強しました
早《はや》く日本へ来《き》て話したい　思《おも》いました」
日本へ来るのを楽《たの》しみにしていた二人
スアンさんとニンさんは
「先生日本語むずかしい」
訴《うった》えるようにいう
「こんにちは　挨拶しました
会社の人　話　速《はや》い　なにもわからない」
初《はじ》めて聞く日本語にとまどって
がっかりした二人の顔《かお》をみながら
大丈夫《だいじょうぶ》　一緒に　勉強しましょう
ゆっくり話す私に
「先生の日本語わかります　ゆっくり」
光《ひか》る笑顔がまぶしい

わずかな時間《じかん》　時《とき》が動《うご》いている
同《おな》じように日本語の学習が始《はじ》まっている
声《こえ》を合《あ》わせて読《よ》みながら
ゆっくりと　正確に
文章《ぶんしょう》の穴埋《あなう》めも　並《なら》び替《か》えも　漢字《かんじ》も
私と二人の息《いき》が合《あ》わさっていく
「私ドラえもん好《す》き　ベトナム　テレビ
ドラえもんはベトナム語　わかります」
スアンさんの話にニンさんも
「コナン　ベトナム語　よくわかる
楽しい　好きです
寮《りょう》のテレビ　みました
ドラえもん　コナン　みんな日本語

　なにもわからない　聞けない」
つまらなそうにいう
日本へ来て　寮ではベトナムの世界《せかい》
生活になれて　日本語を勉強しながら
日本語を使《つか》えるようになる日には
ベトナム語と日本語をつかいわけ
地域《ちいき》の人たちとふれあいながら
日本の文化や習慣を覚えて
身にしみ込《こ》ませ　生活していく
街の中を一人《ひとり》で　二《に》・三人《さんにん》が
自転車《じてんしゃ》で通《とお》り過《す》ぎていく
スーパーで買《か》い物《もの》をしていても
地域《ちいき》に新《あたら》しい風景《ふうけい》を描《えが》き出《だ》し
少《すこ》しずつベトナムの色《いろ》をたして
香《かお》りものせていく
先輩《せんぱい》の後《うしろ》に続《つづ》いて　先輩に学《まな》び
言葉《ことば》の壁《かべ》も　少《すこ》しずつ消《き》えていく

「ここで勉強　お願いします」
二人の顔が晴れやかになってきて
はずむ声が聞こえてきた
スアンさんとニンさんが
これからの日本語教室へ
後押《あとお》しをしてくれた
二時間《にじかん》の日本語教室は
みんなをキラリと輝かせ
一日《いちにち》の仕事の疲《つか》れもリフレッシュ
明日《あす》へのエネルギーにチェンジ

マイちゃんの言葉《ことば》

(一)

先生《せんせい》お礼《れい》の挨拶《あいさつ》です
だいじな日本語《にほんご》教《おし》えてくれました
先生のおかげです
三年間《さんねんかん》ここで勉強《べんきょう》しました
ベトナムへ帰《かえ》っても
日本語の勉強つづけます
私《わたし》は日本へ来《き》ます

いつかはわかりません
きっと来ます
その時《とき》
日本のどこかはわかりません
必《かなら》ずここへ来ます
必ず会《あ》います　ここで会います
先生に会います
それまでお元気《げんき》で
先生お元気で
必ず来ますよ

(二)

私は体《からだ》が大《おお》きいでしょ　ですからゾウ
ベトナムでみんな動物《どうぶつ》の名前《なまえ》あります
先生はね　先生はハト
ハトは羽《はね》あります

どこへも行《い》けます
白《しろ》いハト　白いハトですよ
教室《きょうしつ》のみんなと話《はな》しながら
先生はどこへでも飛《と》んでいくハト
　やっぱり白いハトですね
マイちゃんが決《き》めてくれた
マイちゃんのノートの表紙《ひょうし》に
描《えが》かれてあった大きなゾウ
ゾウに寄《よ》り添《そ》うように
マイちゃんは小《ちい》さなハトを描いた
日本語を学習《がくしゅう》しながらあい間《ま》あい間に
ひとつひとつまたひとつと
マイちゃんは会社《かいしゃ》の日本語教室に
マイちゃんの学習記録《きろく》を残《のこ》していった

(三)

十二月《じゅうにがつ》に日本語能力試験《のうりょくしけん》があります
NI受《う》けます
勉強しました　大変《たいへん》でした
必《かなら》ず　合格《ごうかく》します
結果《けっか》はベトナムへ帰ってからわかります
だいじょうぶ
はい　合格だいじょうぶ
マイちゃんから初《はじ》めて
重《おも》みのある言葉《ことば》を聞《き》いた
日本語の力《ちから》をため込《こ》んで
自分《じぶん》のレールを敷《し》いて
そして　マイちゃんは歩《あゆ》んでいる

あとがき

詩の舞台となる日本語教室は、夜の教室です。暗い教室に明かりがついて、一日の仕事を終えた外国の方たちが集まってきます。

毎週の教室の時間にシナリオはありません。日本語の学びを通して一人一人の人間模様が映しだされ、教室に思い思いの物語が生まれています。それに魅かれて、詩に綴ってみました。

学習者の新鮮な気持ちに打たれ、素直に向き合うと、互いの力が働くのでしょう。いつの間にか日本語で話していることに気づいて、笑顔がこぼれます。

みなそれぞれに日本語能力を一層向上させ、将来へと懸命に努力を重ねます。そして、夢と希望が現実となって、母国で日本で日本語を生かし仕事に就いて、光り輝いているのです。

さまざまな活動に携わってきましたが、そのすべてが作品の誕生に繋がっていることを思うのです。

信州児童文学会会長北沢彰利様、和田登先生にはご指導と励ましをいただき、言葉に尽きせぬ感謝の念でいっぱいです。また温かい言葉で支えてくださいました児童文学会の諸先生方には、心よりお礼申しあげます。

素敵な絵で教室を彩ってくださいましたはなてるさま、銀の鈴社の柴崎俊子様、西野真由美様には私たちの夜の日本語教室を取りあげ、学ぶ世界の方たちに光をあててくださいました。お心に深く感謝申しあげます。

二〇二〇年七月

川上佐貴子

著者紹介

詩・川上 佐貴子（かわかみさきこ）

長野県松本市生。現在安曇野市在住。
夫と共に地方紙発行に携わりエッセイ等を執筆してきた。
現在は童話作家として活動。
1996年より地域日本語教室講師を務めている。
信州児童文学会会員。
共著にあづみ野児童文学会発行、民話集14冊がある。

絵・はなてる

書道家・絵描き
大阪芸術大学 工芸学科テキスタイルデザイン専攻科卒。
ロゴデザイン、絵本、壁画を手がける他、
書・画・印を織り交ぜた作品展やワークショップを開催。
2014年に、絵本「ありがとうの風」（えほんの杜）で絵を、
2015年にはTOKYO FM企画の美文字本「書くユーミン」で
歌詞のお手本を担当。http://www.hanateru.net

NDC911
神奈川　銀の鈴社　2020
96頁　21cm（アジアのかけ橋　やくそくするよ）

ジュニアポエムシリーズ　296　　2020年7月7日初版発行
本体1,600円＋税

アジアのかけ橋 やくそくするよ

著　者　川上佐貴子 ©　はなてる ©
発行者　柴崎聡・西野真由美
編集発行　㈱銀の鈴社 TEL 0467-61-1930　FAX 0467-61-1931
〒248-0017 神奈川県鎌倉市佐助 1-10-22 佐助庵
https://www.ginsuzu.com
E-mail info@ginsuzu.com

ISBN978－4－86618－096－0 C8092
落丁・乱丁本はお取り替え致します

印刷　電算印刷
製本　渋谷文泉閣

…ジュニアポエムシリーズ…

1 鈴木敏史詩集 宮下琢郎・絵　星の美しい村 ★☆
2 小池知子詩集 高志孝子・絵　おにわいっぱいぼくのなまえ ★☆
3 鶴岡千代子詩集 武田淑子・絵　白い虹 児文芸新人賞
4 楠木しげお詩集 久保雅勇・絵　カワウソの帽子
5 津坂治男詩集 垣内美穂・絵　大きくなったら ★◇
6 後藤れい子詩集 山本まつ子・絵　あくたれぼうずのかぞえうた
7 北村蔦子詩集 柿本幸造・絵　あかちんらくがき
8 吉田瑞穂詩集 吉田翠・絵　しおまねきと少年 ★⊠◎
9 新川和江詩集 葉祥明・絵　野のまつり ★☆
10 阪田寛夫詩集 織茂恭子・絵　夕方のにおい ★○◆☆
11 高田敏子詩集 若山憲・絵　枯れ葉と星 ★☆
12 原田直友詩集 吉田翠・絵　スイッチョの歌 ★◎
13 小林純一詩集 久保雅勇・絵　茂作じいさん ★♪◉☆◎
14 谷川俊太郎詩集 長新太・絵　地球へのピクニック ★◎◇
15 与田準一詩集 深沢省三・深沢紅子・絵　ゆめみることば ★
16 岸田衿子詩集 中谷千代子・絵　だれもいそがない村
17 江間章子詩集 榊原直美・絵　水と風 ◇◎
18 原田直友詩集 小野まり・絵　虹―村の風景― ★
19 福田正夫詩集 福田達夫・絵　星の輝く海 ★☆
20 草野心平詩集 長野ヒデ子・絵　げんげと蛙 ★☆○◇
21 宮田滋子詩集 青木まさる・絵　手紙のおうち ☆○
22 久保田昭三詩集 斎藤彬子・絵　のはらでさきたい
23 鶴岡千代子詩集 加倉井和夫・武田淑子・絵　白いクジャク ★♪
24 尾上尚子詩集 まど・みちお・絵　そらいろのビー玉 ★☆ 児文協新人賞
25 水上紅詩集 深沢紅子・絵　私のすばる ☆
26 野呂昶詩集 福島一二三・絵　おとのかだん ★
27 こやま峰子詩集 武田淑子・絵　さんかくじょうぎ ☆
28 青戸かいち詩集 駒宮録郎・絵　ぞうの子だって
29 まきたかし詩集 福田達夫・絵　いつか君の花咲くとき ★☆♡
30 薩摩忠詩集 駒宮録郎・絵　まっかな秋 ★☆♡
31 新川和江詩集 福島一二三・絵　ヤァ！ヤナギの木 ★☆○♡
32 井上靖詩集 駒宮録郎・絵　シリア沙漠の少年 ★☆♡
33 古村徹三 詩・絵　笑いの神さま
34 江上波夫詩集 青空風太郎・絵　ミスター人類 ○☆
35 秋原秀夫詩集 鈴木義治・絵　風の記憶 ★◎
36 水村三千夫詩集 武田淑子・絵　鳩を飛ばす
37 久冨純江詩集 渡辺安芸夫・絵　風車クッキングポエム
38 日野生三詩集 吉野晃希男・絵　雲のスフィンクス ★
39 佐藤雅子詩集 佐藤太清・広瀬きよみ・絵　五月の風 ★
40 小黒恵子詩集 武田淑子・絵　モンキーパズル ★
41 木村信子詩集 山本典子・絵　でていった
42 中野栄子詩集 吉田翠・絵　風のうた ☆
43 宮田滋子詩集 牧村慶子・絵　絵をかく夕日 ★
44 大久保ティ子詩集 渡辺安芸夫・絵　はたけの詩 ★☆
45 秋原秀夫詩集 赤星亮衛・絵　ちいさなともだち ♥

☆日本図書館協会選定（2015年度で終了）　♪日本童謡賞　♧岡山県選定図書　◇岩手県選定図書
★全国学校図書館協議会選定（SLA）　♡日本子どもの本研究会選定　◆京都府選定図書
□少年詩賞　■茨城県すいせん図書　♥秋田県選定図書　⊠芸術選奨文部大臣賞
○厚生省中央児童福祉審議会すいせん図書　♣愛媛県教育会すいせん図書　◉赤い鳥文学賞　◆赤い靴賞

…ジュニアポエムシリーズ…

46 日友靖子詩集 藤城清治・安西明美・絵　猫曜日だから ◆☆
47 秋葉てる代詩集 武田淑子・絵　ハープムーンの夜に ♡
48 こやま峰子詩集 山本省三・絵　はじめのいーっぽ ★♡
49 黒柳啓子詩集 金子滋・絵　砂かけ狐 ♡
50 三枝ますみ詩集 武田淑子・絵　ピカソの絵 ☆♡♪
51 夢虹二詩集 武田淑子・絵　とんぼの中にぼくがいる ♡○♥
52 はたちよしこ詩集 まど・みちお・絵　レモンの車輪 □♧
53 大岡信詩集 葉祥明・絵　朝の頌歌 ★☆♡♥◎
54 吉田瑞穂詩集 吉田翠・絵　オホーツク海の月 ★☆♡
55 さとう恭子詩集 村上保・絵　銀のしぶき ★☆♡
56 星乃ミミナ詩集 葉祥明・絵　星空の旅人 ★☆♡
57 葉祥明 詩・絵　ありがとう そよ風 ★♡▲
58 青戸かいち詩集 初山滋・絵　双葉と風
59 小野ルミ詩集 和田誠・絵　ゆきふるるん ★☆♪♡
60 なぐもはるき 詩・絵　たったひとりの読者 ★♡♧

61 小関秀夫詩集 小倉玲子・絵　風《かざ》栞《しおり》 ★♡♥
62 海沼松世詩集 守下さおり・絵　かげろうのなか ☆♡
63 山本龍生詩集 小倉玲子・絵　春行き一番列車 ♡
64 小泉周二詩集 深沢省三・絵　こもりうた ★☆♡
65 かわてせいぞう詩集 若山憲・絵　野原のなかで ♡★♥
66 えぐちまき詩集 赤星亮衛・絵　ぞうのかばん ♡◆♥
67 池田あきつ詩集 小倉玲子・絵　天気雨 ♡
68 藤井則行詩集 君島美知子・絵　友へ ♡♤
69 藤哲生詩集 武田淑子・絵　秋いっぱい ★♠
70 日友靖子詩集 深沢紅子・絵　花天使を見ましたか ★
71 吉田瑞穂詩集 吉田翠・絵　はるおのかきの木 ★
72 小島禄琅詩集 中村陽子・絵　海を越えた蝶 ☆★♥♡
73 にしおまさこ詩集 杉田幸子・絵　あひるの子 ★
74 山下竹二詩集 徳田徳志芸・絵　レモンの木 ★
75 高崎乃理子詩集 奥山英俊・絵　おかあさんの庭 ★♡

76 檜きみこ詩集 広瀬弦・絵　しっぽいっぽん ★♪□☆♡
77 たかはしけいこ詩集 高田三郎・絵　おかあさんのにおい ♡♣□
78 星乃ミミナ詩集 深澤邦朗・絵　花かんむり ♥☆♡
79 佐藤照雄詩集 津波信久・絵　沖縄 風と少年 ☆♡★
80 相馬梅子詩集 やなせたかし・絵　真珠のように ♥★
81 小島禄琅詩集 深沢紅子・絵　地球がすきだ ★
82 鈴木美智子詩集 黒澤梧郎・絵　龍のとぶ村 ◇★♥
83 いがらしれいこ詩集 高田三郎・絵　小さなてのひら ☆
84 宮入黎子詩集 小倉玲子・絵　春のトランペット ☆★
85 下田喜久美詩集 方振寧・絵　ルビーの空気をすいました ☆
86 野呂昶詩集 方振寧・絵　銀の矢ふれふれ ★
87 ちよはらまちこ詩集 ちよはらまちこ・絵　パリパリサラダ ★
88 秋原秀夫詩集 徳田徳志芸・絵　地球のうた ☆★
89 中島あやこ詩集 井上緑・絵　もうひとつの部屋 ★
90 藤川こうのすけ詩集 葉祥明・絵　こころインデックス ☆

✻サトウハチロー賞
☼三木露風賞
♤福井県すいせん図書
▲神奈川県児童福祉審議会推薦優良図書
♠奈良県教育研究会すいせん図書
♧北海道選定図書
⊕静岡県すいせん図書
◎学校図書館図書整備協会選定図書（SLBA）
✢毎日童謡賞
☸三越左千夫少年詩賞

…ジュニアポエムシリーズ…

91 新井 和詩集 高田 三郎・絵 おばあちゃんの手紙 ☆★
92 はなわたえこ詩集 えばとかつこ・絵 みずたまりのへんじ ★♪
93 柏木恵美子詩集 武田 淑子・絵 花のなかの先生 ☆
94 中原千津子詩集 寺内 直美・絵 鳩への手紙 ★
95 髙瀬美代子詩集 小倉 玲子・絵 仲なおり ★
96 杉本深由起詩集 若山 憲・絵 トマトのきぶん ☆★◎ 児文芸新人賞
97 宍倉さとし詩集 守下さおり・絵 海は青いとはかぎらない ♧
98 石井 英行詩集 有賀 忍・絵 おじいちゃんの友だち ■
99 なかのひろ詩集 アサト・シェラ・絵 とうさんのラブレター ☆★
100 小松 静江詩集 藤川 秀之・絵 古自転車のバットマン
101 石原 一輝詩集 加藤 真夢・絵 空になりたい ☆✿★
102 小泉 周二詩集 西 真里子・絵 誕生日の朝 ☆■★
103 くすのきしげのり童謡 わたなべあきお・絵 いちにのさんかんび ☆★
104 成本 和子詩集 小倉 玲子・絵 生まれておいで ☆★✿♡♧
105 伊藤 政弘詩集 小倉 玲子・絵 心のかたちをした化石 ★

106 川崎 洋子詩集 井戸 妙子・絵 ハンカチの木 □★☆
107 柘植 愛子詩集 油野 誠一・絵 はずかしがりやのコジュケイ ✿
108 新谷智恵子詩集 葉 祥明・絵 風をください ☆◈✺♪♡✣
109 金親 尚子詩集 牧 進・絵 あたたかな大地 ☆
110 黒柳 啓子詩集 吉田 翠・絵 父ちゃんの足音 ☆★♡□
111 富田 栄子詩集 油野 誠一・絵 にんじん笛 ♡☆
112 原 国子詩集 高畠 純・絵 ゆうべのうちに ☆△
113 宇部 京子詩集 スズキコージ・絵 よいお天気の日に ○□♪☆◇★
114 武鹿 悦子詩集 牧野 鈴子・絵 お花見 ☆□
115 山本なおこ詩集 梅田 俊作・絵 さりさりと雪の降る日 ☆★
116 小林比呂古詩集 おおた慶文・絵 ねこのみち ☆
117 後藤れい子詩集 渡辺あきお・絵 どろんこアイスクリーム ☆
118 重清 良吉詩集 高田 三郎・絵 草の上 ☆□❁◆★
119 宮中 雲子詩集 西 真里子・絵 どんな音がするでしょか ✽★
120 前山 敬子詩集 若山 憲・絵 のんびりくらげ ☆★

121 川端 律子詩集 若山 憲・絵 地球の星の上で ♡
122 たかはしけいこ詩集 織茂 恭子・絵 とうちゃん ♡❁♣★
123 宮田 滋子詩集 深澤 邦朗・絵 星の家族 ☆♪
124 国沢たまき詩集 唐沢 静・絵 新しい空がある
125 池田あきつ詩集 小倉 玲子・絵 かえるの国 ★
126 黒田 恵子詩集 倉島千賀子・絵 ボクのすきなおばあちゃん ☆★♡
127 垣内 磯子詩集 宮崎 照代・絵 よなかのしまうまバス ☆♡★
128 小泉 周二詩集 佐藤 平八・絵 太陽へ ❁★♪☆♡
129 中島 和子詩集 秋里 信子・絵 青い地球としゃぼんだま ☆★
130 のろさかん詩集 福島一二三・絵 天のたて琴 ☆
131 加藤 丈夫詩集 葉 祥明・絵 ただ今 受信中 ☆★
132 北原 悠子詩集 深沢 紅子・絵 あなたがいるから ♡
133 池田もと子詩集 小倉 玲子・絵 おんぷになって ♡
134 鈴木 初江詩集 吉田 翠・絵 はねだしの百合 ★
135 垣内 磯子詩集 今井 俊・絵 かなしいときには ★

△長野県教育委員会すいせん図書　✡㈶日本動物愛護協会推薦図書
◈茨城県推奨図書　●児童ペン賞

…ジュニアポエムシリーズ…

…ジュニアポエムシリーズ…

181	新谷智恵子詩集 徳田徳志芸・絵	とびたいペンギン	佐世保文学賞 ♡★◎ ▲
182	牛尾良子詩集 牛尾征治・写真	庭のおしゃべり	♡★◎
183	三枝ますみ詩集 髙見八重子・絵	サバンナの子守歌	☆★
184	佐藤雅子詩集 佐藤太清・菊池治子・絵	空の牧《まき》場《ば》	☆★♡ ■◎◈
185	山内弘子詩集 おぐらひろかず・絵	思い出のポケット	♡★♪
186	山内弘子詩集 阿見みどり・絵	花の旅人	♡★▲
187	原国子詩集 牧野鈴子・絵	小鳥のしらせ	♡★△ ◎
188	人見敬子 詩・絵	方《はこ》舟《ぶね》地球号 —いのちは元気—	♡★◎
189	林佐知子詩集 串田敦子・絵	天にまっすぐ	★☆♡ ◎
190	小臣富子詩集 渡辺あきお・絵	わんさかわんさかどうぶつさん	✡♡★ ◎
191	川越文子詩集 かまだちえみ・写真	もうすぐだからね	♡★◎
192	永田喜久男詩集 武田淑子・絵	はんぶんごっこ	☆★◎ ♡
193	吉田房子詩集 大和田明代・絵	大地はすごい	★◎♡ ▲
194	石井春香詩集 髙見八重子・絵	人魚の祈り	★♡
195	石原一輝詩集 小倉玲子・絵	雲のひるね	♡
196	たかはしけいこ詩集 髙橋敏彦・絵	そのあと ひとは	★
197	宮田滋子詩集 おおた慶文・絵	風がふく日のお星さま	★♡◎
198	渡辺恵美子詩集 つるみゆき・絵	空をひとりじめ	★♡♪
199	宮中雲子詩集 西真里子・絵	手と手のうた	★
200	杉本深由起詩集 太田大八・絵	漢字のかんじ	★♡❀
201	井上灯美子詩集 唐沢静・絵	心の窓が目だったら	★♡
202	峰松晶子詩集 おおた慶文・絵	きばなコスモスの道	★♡
203	高橋文子詩集 山中桃子・絵	八丈太鼓	★♡
204	長野貴子詩集 武田淑子・絵	星座の散歩	★♡
205	江口正子詩集 髙見八重子・絵	水の勇気	♡☆★
206	藤本美智子 詩・絵	緑のふんすい	☆♡★
207	林佐知子詩集 串田敦子・絵	春はどどど	♡★◎
208	小関秀夫詩集 阿見みどり・絵	風のほとり	☆♡★ ▲
209	宗美津子詩集 宗信寛・絵	きたのもりのシマフクロウ	♡★
210	かわてせいぞう詩集 髙橋敏彦・絵	流れのある風景	☆♡★
211	土屋律子詩集 高瀬のぶえ・絵	ただいまぁ	★♡☆ ◎▲
212	永田喜久男詩集 武田淑子・絵	かえっておいで	☆♡★
213	みたみちこ詩集 牧進・絵	いのちの色	♡★
214	糸永えつこ詩集 糸永わかこ・絵	母です 息子です おかまいなく	♡☆★
215	宮田滋子詩集 武田淑子・絵	さくらが走る	♡☆★ ♪
216	柏木恵美子詩集 吉野晃希男・絵	ひとりぼっちの子クジラ	♡★◎
217	江口正子詩集 髙見八重子・絵	小さな勇気	♡☆★
218	井上灯美子詩集 唐沢静・絵	いろのエンゼル	★♡
219	中島あやこ詩集 日向山寿十郎・絵	駅伝競走	★☆♡
220	高橋孝治詩集 髙見八重子・絵	空の道 心の道	★♡
221	江口正子詩集 日向山寿十郎・絵	勇気の子	♡☆★
222	宮田滋子詩集 牧野鈴子・絵	白鳥よ	☆★
223	井上良子詩集 銅版画	太陽の指環	★
224	川越文子詩集 山中桃子・絵	魔法のことば	♡☆★
225	西本みさこ詩集 上司かのん・絵	いつもいっしょ	☆♡

…ジュニアポエムシリーズ…

226	おばらいちこ詩集 高見八重子・絵	ぞうのジャンボ	☆★♡
227	吉田房子詩集 本田あまね・絵	まわしてみたい石臼	★♡
228	吉田房子詩集 阿見みどり・絵	花 詩 集	★♡◎
229	田中たみ子詩集 唐沢静・絵	へこたれんよ	★◎
230	林佐知子詩集 串田敦子・絵	この空につながる	★♡
231	藤本美智子 詩・絵	心のふうせん	★♡
232	火星雅範詩集 西川律子・絵	ささぶねうかべたよ	★♡▲
233	吉田房子詩集 岸田歌子・絵	ゆりかごのうた	★♡
234	むらかみみちこ詩集 むらかみみちこ むらかみあくる・絵	風のゆうびんやさん	★♡
235	白谷玲花詩集 阿見みどり・絵	柳川白秋めぐりの詩	★♡
236	ほさかとしこ詩集 内山つとむ・絵	神さまと小鳥	★☆♡
237	内田麟太郎詩集 長野ヒデ子・絵	まぜごはん	☆★◎♡▲
238	小林比呂古詩集 出口雄大・絵	きりりと一直線	♡★
239	牛尾良子詩集 おぐらひろかず・絵	うしの土鈴とうさぎの土鈴	★◎♡
240	山本純子詩集 ルイコ・絵	ふ ふ ふ	★♡☆◎
241	神田亮 詩・絵	天使の翼	★☆♡
242	かんざわみえ詩集 阿見みどり・絵	子供の心大人の心さ迷いながら	☆★◎▲
243	永田喜久男詩集 内山つとむ・絵	つながっていく	★☆♡
244	浜野木碧 詩・絵	海原散歩	☆★◎♡
245	やまうち・しゅうへい詩集 山本省三・絵	風のおくりもの	☆★◎♡
246	すぎもとれいこ 詩・絵	てんきになあれ	★◎
247	冨岡みち詩集 加藤真夢・絵	地球は家族 ひとつだよ	♡☆◎★
248	北野千賀詩集 滝波裕子・絵	花束のように	♡☆★◎
249	石原一輝詩集 加藤真夢・絵	ぼくらのうた	♡★◎
250	土屋律子詩集 高瀬のぶえ・絵	まほうのくつ	♡☆★◎▲
251	津坂治男詩集 井上良子・絵	白い太陽	☆♡★◎
252	石井英行詩集 よしだちなつ・表紙絵	野原くん	☆★♡◎▲
253	井上灯美子詩集 唐沢静・絵	たからもの	☆♡★
254	大竹典子詩集 加藤真夢・絵	おたんじょう	☆★
255	たかはしけいこ詩集 織茂恭子・絵	流れ星	★♡
256	谷川俊太郎詩集 下田昌克・絵	そ し て	♡★◎
257	なんば・みちこ詩集 布下満・絵	トックントックン 大空で大地で	★◎
258	宮本美智子詩集 阿見みどり・絵	夢の中に そっと	★◎♡
259	成本和子詩集 阿見みどり・絵	天使の梯子	★◎
260	海野文音詩集 牧野鈴子・絵	ナンドデモ	★♡
261	熊谷本郷詩集 永田萠・絵	かあさん かあさん	★♡
262	大楠翠詩集 吉野晃希男・絵	おにいちゃんの紙飛行機	★♡♪
263	久保恵子詩集 たかせちなつ・絵	わたしの心は 風に舞う	★♡
264	みずかみさやか詩集 葉祥明・絵	五月の空のように	★♡
265	尾崎昭代詩集 中辻アヤ子・絵	たんぽぽの日	★
266	はやしゆみ詩集 渡辺あきお・絵	わたしはきっと小鳥	★
267	田沢節子詩集 永田萠・絵	わき水ぷっくん	△★♡
268	柘植愛子詩集 そねはらまさえ・絵	赤いながぐつ	★♡
269	馬場与志子詩集 日向山寿十郎・絵	ジャンケンポンでかくれんぼ	♡★
270	内田麟太郎詩集 高畠純・絵	たぬきのたまご	★●♡

…ジュニアポエムシリーズ…

＊刊行の順番はシリーズ番号と異なる場合があります。

ジュニアポエムシリーズは、子どもにもわかる言葉で真実の世界をうたう個人詩集のシリーズです。

本シリーズからは、毎回多くの作品が教科書等の掲載詩に選ばれており、1974年以来、全国の小・中学校の図書館や公共図書館等で、長く、広く、読み継がれています。

心を育むポエムの世界。

一人でも多くの子どもや大人に豊かなポエムの世界が届くよう、ジュニアポエムシリーズはこれからも小さな灯をともし続けて参ります。

銀の小箱シリーズ

- 葉 祥明 詩・絵　小さな庭
- 若山 憲 詩・絵　白い煙突
- こばやしひろこ・詩　うめざわのりお・絵　みんななかよし
- 江口 正子・詩　油野 誠一・絵　みてみたい
- やなせたかし 詩・絵　あこがれよなかよくしよう
- 冨岡 みち・詩　関口 コオ・絵　ないしょやで
- 小林比呂古・詩　神谷 健雄・絵　花かたみ
- 小泉 周二・詩　辻 友紀子・絵　誕生日・おめでとう
- 柏原 耿子・詩　阿見みどり・絵　アハハ・ウフフ・オホホ★♡▲
- こばやしひろこ・詩　うめざわのりお・絵　ジャムパンみたいなお月さま★▲

銀の鈴文庫

- 小沢 千恵・詩　下田 昌克・絵　あのこ♡▲

すずのねえほん

- たかはしけいこ・詩　中釜浩一郎・絵　わたし★◎
- 尾上 尚子・詩　小倉 玲子・絵　ぽわぽわん
- 糸永えつこ・詩　高見八重子・絵　はるなつあきふゆもうひとつ★児文芸新人賞
- 山口 敦子・詩　高橋 宏幸・絵　ばあばとあそぼう
- あらい・まさはる・童謡　しのはらはれみ・絵　けさいちばんのおはようさん
- 佐藤 雅子・詩　佐藤 太清・絵　こもりうたのように♪日本童謡賞　美しい日本の12ヵ月
- 柏木 隆雄・詩　やなせたかし他・絵　かんさつ日記★♡

アンソロジー

- 渡辺 浦人・編　村上 保・絵　赤い鳥 青い鳥♪
- わたげの会・編　渡辺あきお・絵　花ひらく★
- 木曜会・編　西 真里子・絵　いまも星はでている★
- 木曜会・編　西 真里子・絵　いったりきたり♡
- 木曜会・編　西 真里子・絵　宇宙からのメッセージ
- 木曜会・編　西 真里子・絵　地球のキャッチボール★◎
- 木曜会・編　西 真里子・絵　おにぎりとんがった☆★◎
- 木曜会・編　西 真里子・絵　みぃ－つけた♡★◎
- 木曜会・編　西 真里子・絵　ドキドキがとまらない
- 木曜会・編　西 真里子・絵　神さまのお通り★
- 木曜会・編　西 真里子・絵　公園の日だまりで★♡
- 木曜会・編　西 真里子・絵　ねこがのびをする♡★

掌の本 アンソロジー

- こころの詩Ⅰ
- しぜんの詩Ⅰ
- いのちの詩Ⅰ
- ありがとうの詩Ⅰ
- 詩集 希望
- 詩集 家族
- いのちの詩集―いきものと野菜
- ことばの詩集―方言と手紙
- 詩集―夢・おめでとう
- 詩集―ふるさと・旅立ち

心に残る本を　そっとポケットに　しのばせて…

・A7判（文庫本の半分サイズ）　・上製、箔押し